CAZAQUE
V O C A B U L Á R I O

PORTUGUÊS BRASILEIRO

PORTUGUÊS
CAZAQUE

Para alargar o seu léxico e apurar
as suas competências linguísticas

3000 palavras

T&P BOOKS

Vocabulário Português Brasileiro-Cazaque - 3000 palavras

Por Andrey Taranov

Os vocabulários da T&P Books destinam-se a ajudar a aprender, a memorizar, e a rever palavras estrangeiras. O dicionário é dividido em temas, cobrindo todas as principais esferas de atividades quotidianas, negócios, ciência, cultura, etc.

O processo de aprendizagem, utilizando os dicionários baseados em temáticas da T&P Books dá-lhe as seguintes vantagens:

- Informação de origem corretamente agrupada predetermina o sucesso em fases subsequentes da memorização de palavras
- Disponibilização de palavras derivadas da mesma raiz, o que permite a memorização de unidades de texto (em vez de palavras separadas)
- Pequenas unidades de palavras facilitam o processo de estabelecimento de vínculos associativos necessários para a consolidação do vocabulário
- O nível de conhecimento da língua pode ser estimado pelo número de palavras aprendidas

T&P Books Publishing
www.tpbooks.com

ISBN: 978-1-78767-421-9

Este livro também está disponível em formato E-book.
Por favor visite www.tpbooks.com ou as principais livrarias on-line.

VOCABULÁRIO CAZAQUE
palavras mais úteis

Os vocabulários da T&P Books destinam-se a ajudar a aprender, a memorizar, e a rever palavras estrangeiras. O vocabulário contém mais de 3000 palavras de uso comum organizadas tematicamente.

O vocabulário contém as palavras mais comummente usadas

Recomendado como adicional para qualquer curso de línguas

Satisfaz as necessidades dos iniciados e dos alunos avançados de línguas estrangeiras

Conveniente para o uso diário, sessões de revisão e atividades de auto-teste

Permite avaliar o seu vocabulário

Características especias do vocabulário

- As palavras estão organizadas de acordo com o seu significado, e não por ordem alfabética
- As palavras são apresentadas em três colunas para facilitar os processos de revisão e auto-teste
- As palavras compostas são divididas em pequenos blocos para facilitar o processo de aprendizagem
- O vocabulário oferece uma transcrição simples e adequada de cada palavra estrangeira

O vocabulário contém 101 tópicos incluindo:

Conceitos básicos, Números, Cores, Meses, Estações do ano, Unidades de medida, Roupas & Acessórios, Alimentos & Nutrição, Restaurante, Membros da Família, Parentes, Caráter, Sentimentos, Emoções, Doenças, Cidade, Passeios, Compras, Dinheiro, Casa, Lar, Escritório, Trabalho no Escritório, Importação & Exportação, Marketing, Pesquisa de Emprego, Esportes, Educação, Computador, Internet, Ferramentas, Natureza, Países, Nacionalidades e muito mais ...

TABELA DE CONTEÚDOS

GUIA DE PRONUNCIAÇÃO

Alfabeto fonético T&P	Exemplo Cazaque	Exemplo Português
[a]	танауы [tanawɨ]	chamar
[e]	лейтенант [lejtenant]	metal
[ɛ]	экран [ɛkran]	mesquita
[i]	сөндіру [søndiru]	sinônimo
[ɪ]	принцип [prɪnʦɪp]	sinônimo
[ɨ]	айқындық [ajqɨndɨq]	sinônimo
[o]	жолбарыс [ʒolbarɨs]	lobo
[u]	қуыру [quɨru]	bonita
[ʉ]	жүгері [ʒʉgerɪ]	nacional
[ʊ]	қаламұш [qalamʊʃ]	bonita
[ø]	актер [aktør]	orgulhoso
[æ]	әзірлеу [æzirleu]	semana
[ju]	сарғаю [sarɣaju]	nacional
[ja]	саяхат [sajahat]	Himalaias
[b]	баяндау [bajandau]	barril
[d]	құндыз [qundiz]	dentista
[dʒ]	джинсы [dʒɪnsi]	adjetivo
[f]	ферма [ferma]	safári
[g]	үлгіші [ʉlgiʃi]	gosto
[ɣ]	жағдай [ʒaɣdaj]	agora
[ʒ]	қажетті [qaʒetti]	talvez
[ɟ]	өгей ана [øgej ana]	Vietnã
[h]	халық [haliq]	[h] aspirada
[k]	кілегей [kilegej]	aquilo
[l]	либерал [lɪberal]	libra
[m]	көмектесу [kømektesu]	magnólia
[n]	неміс [nemis]	natureza
[ŋ]	қаңтар [qaŋtar]	alcançar
[p]	пайдалы [pajdali]	presente
[q]	қақпақ [qaqpaq]	teckel
[r]	реттелім [rettelim]	riscar
[s]	саңырау [saŋɨrau]	sanita
[ʃ]	сиқыршы [sɪqɨrʃɨ]	mês
[ɕ]	тұщы [tʊɕɨ]	shiatsu
[t]	тақтайша [taqtajʃa]	tulipa
[ʦ]	инфляция [ɪnfljaʦɪja]	tsé-tsé
[ʧ]	чемпион [ʧempiɔn]	Tchau!
[v]	вольт [volʲt]	fava

Alfabeto fonético T&P	Exemplo Cazaque	Exemplo Português
[z]	заңгер [zaŋger]	sésamo
[w]	бауыр [bawïr]	bonita
[ʔ]	компьютер [kɔmpʲuter]	sinal suave

ABREVIATURAS
usadas no vocabulário

Abreviaturas do Português

adj	-	adjetivo
adv	-	advérbio
anim.	-	animado
conj.	-	conjunção
desp.	-	esporte
etc.	-	Etcetera
ex.	-	por exemplo
f	-	nome feminino
f pl	-	feminino plural
fem.	-	feminino
inanim.	-	inanimado
m	-	nome masculino
m pl	-	masculino plural
m, f	-	masculino, feminino
masc.	-	masculino
mat.	-	matemática
mil.	-	militar
pl	-	plural
prep.	-	preposição
pron.	-	pronome
sb.	-	sobre
sing.	-	singular
v aux	-	verbo auxiliar
vi	-	verbo intransitivo
vi, vt	-	verbo intransitivo, transitivo
vr	-	verbo reflexivo
vt	-	verbo transitivo

CONCEITOS BÁSICOS

1. Pronomes

eu	мен	[men]
você	сен	[sen]
ele, ela	ол	[ol]
nós	біз	[biz]
vocês	сендер	[sender]
eles, elas	олар	[olar]

2. Cumprimentos. Saudações

Oi!	Сәлем!	[sælem]
Olá!	Сәлеметсіз бе?	[sælemetsiz be]
Bom dia!	Қайырлы таң!	[qajïrlï taŋ]
Boa tarde!	Қайырлы күн!	[qajïrlï kʉn]
Boa noite!	Қайырлы кеш!	[qajïrlï keʃ]
cumprimentar (vt)	сәлемдесу	[sælemdesu]
Oi!	Сәлем!	[sælem]
saudação (f)	сәлем	[sælem]
saudar (vt)	амандасу	[amandasu]
Como você está?	Қалыңыз қалай?	[qalïŋïz qalaj]
Como vai?	Қалың қалай?	[qalïŋ qalaj]
E aí, novidades?	Не жаңалық бар?	[ne ʒaŋalïq bar]
Tchau!	Сау болыңыз!	[sau bolïŋïz]
Até logo!	Сау бол!	[sau bol]
Até breve!	Келесі кездескенше!	[kelesi kezdeskenʃæ]
Adeus! (sing.)	Қош!	[qoʃ]
Adeus! (pl)	Сау болыңыз!	[sau bolïŋïz]
despedir-se (dizer adeus)	қоштасу	[qoʃtasu]
Até mais!	Әзір!	[æzir]
Obrigado! -a!	Рахмет!	[rahmet]
Muito obrigado! -a!	Үлкен рахмет!	[ʉlken rahmet]
De nada	Мархабат	[marhabat]
Não tem de quê	Мархабат түк емес	[marhabat tʉk emes]
Não foi nada!	Түк емес	[tʉk emes]
Desculpa!	Кешір!	[keʃir]
Desculpe!	Кешіріңіз!	[keʃiriŋiz]
desculpar (vt)	кешіру	[keʃiru]
desculpar-se (vr)	кешірім сұрау	[keʃirim surau]
Me desculpe	Кешірім сұраймын	[keʃirim surajmïn]

Desculpe!	Кешіріңіз!	[keʃiriŋiz]
perdoar (vt)	кешіру	[keʃiru]
Não faz mal	Оқасы жоқ	[oqasɨ ӡoq]
por favor	өтінемін	[øtinemin]

Não se esqueça!	Ұмытпаңызшы!	[umɨtpaŋɨzʃɨ]
Com certeza!	Әрине!	[ærine]
Claro que não!	Әрине жоқ!	[ærine ӡoq]
Está bem! De acordo!	Келісемін!	[kelisemin]
Chega!	Болды!	[boldɨ]

3. Questões

Quem?	Кім?	[kim]
O que?	Не?	[ne]
Onde?	Қайда?	[qajda]
Para onde?	Қайда?	[qajda]
De onde?	Қайдан?	[qajdan]
Quando?	Қашан?	[qaʃan]
Para quê?	Неге?	[nege]
Por quê?	Неге?	[nege]

Para quê?	Не үшін?	[ne ʉʃin]
Como?	Қалай?	[qalaj]
Qual (~ é o problema?)	Қандай?	[qandaj]
Qual (~ deles?)	Нешінші?	[neʃinʃi]

A quem?	Кімге?	[kimge]
De quem?	Кім туралы?	[kim turalɨ]
Do quê?	Не жөнінде?	[ne ӡøninde]
Com quem?	Кіммен?	[kimmen]

Quantos? -as?	Қанша?	[qanʃa]
Quanto?	Неше?	[neʃæ]
De quem? (masc.)	Кімнің?	[kimniŋ]

4. Preposições

com (prep.)	бірге	[birge]
sem (prep.)	онсыз	[onsiz]
a, para (exprime lugar)	-да, -де, -та, -те	[da], [de], [ta], [te]
sobre (ex. falar ~)	туралы	[turalɨ]
antes de ...	алдында	[aldɨnda]
em frente de ...	алдында	[aldɨnda]

debaixo de ...	астында	[astɨnda]
sobre (em cima de)	үстінде	[ustinde]
em ..., sobre ...	үстінде	[ʉstinde]
de, do (sou ~ Rio de Janeiro)	-дан, -ден, -тан, -тен	[dan], [den], [tan], [ten]
de (feito ~ pedra)	-дан, -ден, -тан, -тен	[dan], [den], [tan], [ten]
em (~ 3 dias)	кейін, соң	[kejin], [soŋ]
por cima de ...	кейін, соң	[kejin], [soŋ]

5. Palavras funcionais. Advérbios. Parte 1

Onde?	Қайда?	[qajda]
aqui	осында	[osinda]
lá, ali	онда	[onda]
em algum lugar	əлдеқайда	[ældeqajda]
em lugar nenhum	еш жерде	[eʃ ʒerde]
perto de ...	қасында	[qasinda]
perto da janela	терезенің қасында	[terezeniŋ qasinda]
Para onde?	Қайда?	[qajda]
aqui	мұнда	[munda]
para lá	онда	[onda]
daqui	осы жерден	[osi ʒerdeŋ]
de lá, dali	ол жақтан	[ol ʒaqtan]
perto	жақын	[ʒaqin]
longe	алыс	[alis]
perto de ...	қасында	[qasinda]
à mão, perto	жақын	[ʒaqin]
não fica longe	алыс емес	[alis emes]
esquerdo (adj)	сол	[sol]
à esquerda	сол жақтан	[sol ʒaqtan]
para a esquerda	солға	[solɣa]
direito (adj)	оң	[oŋ]
à direita	оң жақтан	[oŋ ʒaqtan]
para a direita	оңға	[oŋɣa]
em frente	алдынан	[aldinan]
da frente	алдыңғы	[aldiŋɣi]
adiante (para a frente)	алға	[alɣa]
atrás de ...	артынан	[artinan]
de trás	артынан	[artinan]
para trás	кейін	[kejin]
meio (m), metade (f)	орта	[orta]
no meio	ортасында	[ortasinda]
do lado	бір бүйірден	[bir bujirden]
em todo lugar	барлық жерде	[barliq ʒerde]
por todos os lados	айнала	[ajnala]
de dentro	іштен	[iʃten]
para algum lugar	əлдеқайда	[ældeqajda]
diretamente	тура	[tura]
de volta	кері	[keri]
de algum lugar	қайдан болсада	[qajdan bolsada]
de algum lugar	қайдан болсада	[qajdan bolsada]

em primeiro lugar	біріншіден	[birinʃiden]
em segundo lugar	екіншіден	[ekinʃiden]
em terceiro lugar	үшіншіден	[ʉʃinʃiden]

de repente	кенет	[kenet]
no início	басында	[basinda]
pela primeira vez	алғаш	[alɣaʃ]
muito antes de ...	көп бұрын ...	[køp burin]
de novo	жаңадан	[ʒaŋadan]
para sempre	мәңгі-бақи	[mæŋgi baqı]

nunca	еш уақытта	[eʃ waqitta]
de novo	тағы	[taɣɨ]
agora	енді	[endi]
frequentemente	жиі	[ʒɪi]
então	сол кезде	[sol kezde]
urgentemente	жедел	[ʒedel]
normalmente	әдетте	[ædette]

a propósito, ...	айтпақшы	[ajtpaqʃɨ]
é possível	мүмкін	[mʉmkin]
provavelmente	мүмкін	[mʉmkin]
talvez	мүмкін	[mʉmkin]
além disso, ...	одан басқа ...	[odan basqa]
por isso ...	сондықтан	[sondiqtan]
apesar de ...	қарамастан ...	[qaramastan]
graças a ...	арқасында ...	[arqasinda]

que (pron.)	не	[ne]
que (conj.)	не	[ne]
algo	осы	[osɨ]
alguma coisa	бір нәрсе	[bir nærse]
nada	ештеңе	[eʃteŋe]

quem	кім	[kim]
alguém (~ que ...)	кейбіреу	[kejbireu]
alguém (com ~)	біреу	[bireu]

ninguém	ешкім	[eʃkim]
para lugar nenhum	ешқайда	[eʃqajda]
de ninguém	ешкімнің	[eʃkimniŋ]
de alguém	біреудің	[bireudiŋ]

tão	солай	[solaj]
também (gostaria ~ de ...)	дәл осындай	[dæl osindaj]
também (~ eu)	да, де	[da], [de]

6. Palavras funcionais. Advérbios. Parte 2

Por quê?	Неге?	[nege]
por alguma razão	неге екені белгісіз	[nege ekeni belgisiz]
porque ...	өйткені ...	[øjtkeni]
por qualquer razão	бірдеңеге	[birdeŋege]
e (tu ~ eu)	және	[ʒæne]

ou (ser ~ não ser)	немесе	[nemese]
mas (porém)	бірақ	[biraq]
para (~ a minha mãe)	үшін	[ʉʃin]
muito, demais	тым	[tɨm]
só, somente	тек қана	[tek qana]
exatamente	дәл	[dæl]
cerca de (~ 10 kg)	жуық	[ʒuɨq]
aproximadamente	шамамен	[ʃamamen]
aproximado (adj)	шамасында	[ʃamasɨnda]
quase	дерлік	[derlik]
resto (m)	қалғаны	[qalɣanɨ]
cada (adj)	әр	[ær]
qualquer (adj)	әрбіреу	[ærbireu]
muito, muitos, muitas	көп	[køp]
muitas pessoas	көптеген	[køptegen]
todos	бүкіл	[bʉkil]
em troca de ...	айырбастау ...	[ajɨrbastau]
em troca	орнына	[ornɨna]
à mão	қолмен	[qolmen]
pouco provável	күдікті	[kʉdikti]
provavelmente	сірә	[siræ]
de propósito	әдейі	[ædeji]
por acidente	кездейсоқ	[kezdejsoq]
muito	өте	[øte]
por exemplo	мысалы	[mɨsalɨ]
entre	арасында	[arasɨnda]
entre (no meio de)	арасында	[arasɨnda]
tanto	мұнша	[mʊnʃa]
especialmente	әсіресе	[æsirese]

NÚMEROS. DIVERSOS

7. Números cardinais. Parte 1

zero	нөл	[nøl]
um	бір	[bir]
dois	екі	[eki]
três	үш	[ʉʃ]
quatro	төрт	[tørt]
cinco	бес	[bes]
seis	алты	[alti]
sete	жеті	[ʒeti]
oito	сегіз	[segiz]
nove	тоғыз	[toɣiz]
dez	он	[on]
onze	он бір	[on bir]
doze	он екі	[on eki]
treze	он үш	[on ʉʃ]
catorze	он төрт	[on tørt]
quinze	он бес	[on bes]
dezesseis	он алты	[on alti]
dezessete	он жеті	[on ʒeti]
dezoito	он сегіз	[on segiz]
dezenove	он тоғыз	[on toɣiz]
vinte	жиырма	[ʒɩɯrma]
vinte e um	жиырма бір	[ʒɩɯrma bir]
vinte e dois	жиырма екі	[ʒɩɯrma eki]
vinte e três	жиырма үш	[ʒɩɯrma ʉʃ]
trinta	отыз	[otiz]
trinta e um	отыз бір	[otiz bir]
trinta e dois	отыз екі	[otiz eki]
trinta e três	отыз үш	[otiz ʉʃ]
quarenta	қырық	[qiriq]
quarenta e um	қырық бір	[qiriq bir]
quarenta e dois	қырық екі	[qiriq eki]
quarenta e três	қырық үш	[qiriq ʉʃ]
cinquenta	елу	[elʉ]
cinquenta e um	елу бір	[elʉ bir]
cinquenta e dois	елу екі	[elʉ eki]
cinquenta e três	елу үш	[elʉ uʃ]
sessenta	алпыс	[alpis]
sessenta e um	алпыс бір	[alpis bir]

| sessenta e dois | алпыс екі | [alpis eki] |
| sessenta e três | алпыс үш | [alpis ʉʃ] |

setenta	жетпіс	[ʒetpis]
setenta e um	жетпіс бір	[ʒetpis bir]
setenta e dois	жетпіс екі	[ʒetpis eki]
setenta e três	жетпіс үш	[ʒetpis ʉʃ]

oitenta	сексен	[seksen]
oitenta e um	сексен бір	[seksen bir]
oitenta e dois	сексен екі	[seksen eki]
oitenta e três	сексен үш	[seksen ʉʃ]

noventa	тоқсан	[toqsan]
noventa e um	тоқсан бір	[toqsan bir]
noventa e dois	тоқсан екі	[toqsan eki]
noventa e três	тоқсан үш	[toqsan ʉʃ]

8. Números cardinais. Parte 2

cem	жүз	[ʒʉz]
duzentos	екі жүз	[eki ʒʉz]
trezentos	үш жүз	[ʉʃ ʒʉz]
quatrocentos	төрт жүз	[tørt ʒʉz]
quinhentos	бес жүз	[bes ʒʉz]

seiscentos	алты жүз	[alti ʒʉz]
setecentos	жеті жүз	[ʒeti ʒʉz]
oitocentos	сегіз жүз	[segiz ʒʉz]
novecentos	тоғыз жүз	[toɣiz ʒʉz]

mil	мың	[miŋ]
dois mil	екі мың	[eki miŋ]
três mil	үш мың	[ʉʃ miŋ]
dez mil	он мың	[on miŋ]
cem mil	жүз мың	[ʒʉz miŋ]
um milhão	миллион	[mıllıon]
um bilhão	миллиард	[mıllıard]

9. Números ordinais

primeiro (adj)	бірінші	[birinʃi]
segundo (adj)	екінші	[ekinʃi]
terceiro (adj)	үшінші	[ʉʃinʃi]
quarto (adj)	төртінші	[tørtinʃi]
quinto (adj)	бесінші	[besinʃi]

sexto (adj)	алтыншы	[altinʃi]
sétimo (adj)	жетінші	[ʒetinʃi]
oitavo (adj)	сегізінші	[segizinʃi]
nono (adj)	тоғызыншы	[toɣizinʃi]
décimo (adj)	оныншы	[oninʃi]

CORES. UNIDADES DE MEDIDA

10. Cores

cor (f)	түс	[tʉs]
tom (m)	түс	[tʉs]
tonalidade (m)	түс	[tʉs]
arco-íris (m)	кемпір қосақ	[kempir qosaq]
branco (adj)	ақ	[aq]
preto (adj)	қара	[qara]
cinza (adj)	сұр	[sʉr]
verde (adj)	жасыл	[ʒasil]
amarelo (adj)	сары	[sari]
vermelho (adj)	қызыл	[qizil]
azul (adj)	көк	[køk]
azul claro (adj)	көгілдір	[køgildir]
rosa (adj)	қызғылт	[qizɣilt]
laranja (adj)	сарғылт	[sarɣilt]
violeta (adj)	күлгін	[kʉlgin]
marrom (adj)	қоңыр	[qoŋir]
dourado (adj)	алтын	[altin]
prateado (adj)	күміс түсті	[kʉmis tʉsti]
bege (adj)	ақшыл сары	[aqʃil sari]
creme (adj)	ақшыл сары	[aqʃil sari]
turquesa (adj)	көк	[køk]
vermelho cereja (adj)	шие түсті	[ʃie tʉsti]
lilás (adj)	ақшыл көк	[aqʃil køk]
carmim (adj)	қызыл күрең	[qizil kʉreŋ]
claro (adj)	ашық	[aʃiq]
escuro (adj)	қоныр	[qonir]
vivo (adj)	айқын	[ajqin]
de cor	түрлі-түсті	[tʉrli tʉsti]
a cores	түрлі-түсті	[tʉrli tʉsti]
preto e branco (adj)	қара-ала	[qara ala]
unicolor (de uma só cor)	бір түсті	[bir tʉsti]
multicolor (adj)	алабажақ	[alabaʒaq]

11. Unidades de medida

peso (m)	салмақ	[salmaq]
comprimento (m)	ұзындық	[ʉzindiq]

largura (f)	ен	[en]
altura (f)	биіктік	[bıiktik]
profundidade (f)	тереңдік	[tereŋdik]
volume (m)	көлем	[kølem]
área (f)	аумақ	[aumaq]

grama (m)	грамм	[gramm]
miligrama (m)	миллиграм	[mıllıgram]
quilograma (m)	килограмм	[kılogramm]
tonelada (f)	тонна	[tona]
libra (453,6 gramas)	қадақ	[qadaq]
onça (f)	унция	[unʦıja]

metro (m)	метр	[metr]
milímetro (m)	миллиметр	[mıllımetr]
centímetro (m)	сантиметр	[santımetr]
quilômetro (m)	километр	[kılometr]
milha (f)	миля	[mılja]

polegada (f)	дюйм	[djujm]
pé (304,74 mm)	фут	[fut]
jarda (914,383 mm)	ярд	[jard]

metro (m) quadrado	шаршы метр	[ʃarʃı metr]
hectare (m)	гектар	[gektar]

litro (m)	литр	[lıtr]
grau (m)	градус	[gradus]
volt (m)	вольт	[volʲt]
ampère (m)	ампер	[amper]
cavalo (m) de potência	ат күші	[at kɥʃi]

quantidade (f)	мөлшері	[mølʃæri]
um pouco de ...	аздап ...	[azdap]
metade (f)	жарты	[ʒartɨ]
dúzia (f)	дожна	[doʒna]
peça (f)	дана	[dana]

tamanho (m), dimensão (f)	көлем	[kølem]
escala (f)	масштаб	[masʃtab]

mínimo (adj)	ең азы	[eŋ azɨ]
menor, mais pequeno	ең кіші	[eŋ kiʃi]
médio (adj)	орташа	[ortaʃa]
máximo (adj)	барынша көп	[barinʃa køp]
maior, mais grande	ең үлкен	[eŋ ɥlken]

12. Recipientes

pote (m) de vidro	банкі	[banki]
lata (~ de cerveja)	банкі	[banki]
balde (m)	шелек	[ʃælek]
barril (m)	бөшке	[bøʃke]
bacia (~ de plástico)	леген	[legen]

tanque (m)	бак	[bak]
cantil (m) de bolso	құты	[quti]
galão (m) de gasolina	канистр	[kanıstr]
cisterna (f)	цистерна	[tsısterna]
caneca (f)	сапты аяқ	[saptı ajaq]
xícara (f)	шыны аяқ	[ʃinı ajaq]
pires (m)	табақша	[tabaqʃa]
copo (m)	стақан	[staqan]
taça (f) de vinho	бокал	[bokal]
panela (f)	кастрөл	[kastrøl]
garrafa (f)	шөлмек	[ʃølmek]
gargalo (m)	ауыз	[awiz]
jarra (f)	графин	[grafın]
jarro (m)	көзе	[køze]
recipiente (m)	ыдыс	[idis]
pote (m)	құмыра	[qumira]
vaso (m)	ваза	[vaza]
frasco (~ de perfume)	шиша	[ʃiʃa]
frasquinho (m)	құты	[quti]
tubo (m)	сықпалы сауыт	[siqpali sawit]
saco (ex. ~ de açúcar)	қап	[qap]
sacola (~ plastica)	пакет	[paket]
maço (de cigarros, etc.)	десте	[deste]
caixa (~ de sapatos, etc.)	қорап	[qorap]
caixote (~ de madeira)	жәшік	[ʒæʃik]
cesto (m)	кәрзеңке	[kærziŋke]

VERBOS PRINCIPAIS

13. Os verbos mais importantes. Parte 1

abrir (vt)	ашу	[aʃu]
acabar, terminar (vt)	бітіру	[bitiru]
aconselhar (vt)	кеңес беру	[keŋes beru]
adivinhar (vt)	шешу	[ʃeʃu]
advertir (vt)	ескерту	[eskertu]
ajudar (vt)	көмектесу	[kømektesu]
almoçar (vi)	түскі тамақ жеу	[tɯski tamaq ʒeu]
alugar (~ um apartamento)	жалға алу	[ʒalɣa alu]
amar (pessoa)	жақсы көру	[ʒaqsɨ køru]
ameaçar (vt)	қорқыту	[qorqitu]
anotar (escrever)	жазу	[ʒazu]
apressar-se (vr)	асығу	[asɨɣu]
arrepender-se (vr)	өкіну	[økinu]
assinar (vt)	қол қою	[qol qoju]
brincar (vi)	әзілдеу	[æzildeu]
brincar, jogar (vi, vt)	ойнау	[ojnau]
buscar (vt)	іздеу	[izdeu]
caçar (vi)	аулау	[aulau]
cair (vi)	құлау	[qʊlau]
cavar (vt)	қазу	[qazu]
chamar (~ por socorro)	жәрдемге шақыру	[ʒærdemge ʃaqiru]
chegar (vi)	келу	[kelu]
chorar (vi)	жылау	[ʒɨlau]
começar (vt)	бастау	[bastau]
comparar (vt)	салыстыру	[salɨstiru]
concordar (dizer "sim")	көну	[kønu]
confiar (vt)	сену	[senu]
confundir (equivocar-se)	қателесу	[qatelesu]
conhecer (vt)	білу	[bilu]
contar (fazer contas)	санау	[sanau]
contar com ...	үміт арту ...	[ʊmit artu]
continuar (vt)	жалғастыру	[ʒalɣastiru]
controlar (vt)	бақылау	[baqɨlau]
convidar (vt)	шақыру	[ʃaqiru]
correr (vi)	жүгіру	[ʒɯgiru]
criar (vt)	құру	[qʊru]
custar (vt)	тұру	[tʊru]

14. Os verbos mais importantes. Parte 2

dar (vt)	беру	[beru]
dar uma dica	тұспалдау	[tʉspaldau]
decorar (enfeitar)	әсемдеу	[æsemdeu]
defender (vt)	қорғау	[qorɣau]
deixar cair (vt)	түсіру	[tʉsiru]

descer (para baixo)	түсу	[tʉsu]
desculpar (vt)	кешіру	[keʃiru]
desculpar-se (vr)	кешірім сұрау	[keʃirim surau]
dirigir (~ uma empresa)	басқару	[basqaru]
discutir (notícias, etc.)	талқылау	[talqilau]

disparar, atirar (vi)	ату	[atu]
dizer (vt)	айту	[ajtu]
duvidar (vt)	шүбәлану	[ʃʉbælanu]
encontrar (achar)	табу	[tabu]
enganar (vt)	алдау	[aldau]

entender (vt)	түсіну	[tʉsinu]
entrar (na sala, etc.)	кіру	[kiru]
enviar (uma carta)	жөнелту	[ʒøneltu]
errar (enganar-se)	қателесу	[qatelesu]
escolher (vt)	таңдау	[taŋdau]

esconder (vt)	жасыру	[ʒasiru]
escrever (vt)	жазу	[ʒazu]
esperar (aguardar)	тосу	[tosu]
esperar (ter esperança)	үміттену	[ʉmittenu]
esquecer (vt)	ұмыту	[umitu]

estudar (vt)	зерттеу	[zertteu]
exigir (vt)	талап ету	[talap etu]
existir (vi)	тіршілік ету	[tirʃilik etu]
explicar (vt)	түсіндіру	[tʉsindiru]

falar (vi)	сөйлесу	[søjlesu]
faltar (a la escuela, etc.)	өткізу	[øtkizu]
fazer (vt)	жасау	[ʒasau]
ficar em silêncio	үндемеу	[ʉndemeu]
gabar-se (vr)	мақтану	[maqtanu]

gostar (apreciar)	ұнау	[unau]
gritar (vi)	айғайлау	[ajɣajlau]
guardar (fotos, etc.)	сақтау	[saqtau]

| informar (vt) | мәлімдеу | [mælimdeu] |
| insistir (vi) | кеуделеу | [keudeleu] |

insultar (vt)	қорлау	[qorlau]
interessar-se (vr)	көңіл қою	[køŋil qoju]
ir (a pé)	жүру	[ʒʉru]
ir nadar	шомылу	[ʃomilu]
jantar (vi)	кешкі тамақ ішу	[keʃki tamaq iʃu]

15. Os verbos mais importantes. Parte 3

ler (vt)	оқу	[oqu]
libertar, liberar (vt)	босату	[bosatu]
matar (vt)	өлтіру	[øltiru]
mencionar (vt)	атау	[atau]
mostrar (vt)	көрсету	[kørsetu]
mudar (modificar)	өзгерту	[øzgertu]
nadar (vi)	жүзу	[ʒʉzu]
negar-se a ... (vr)	бас тарту	[bas tartu]
objetar (vt)	қарсы айту	[qarsɪ ajtu]
observar (vt)	бақылау	[baqɪlau]
ordenar (mil.)	бұйыру	[bujɪru]
ouvir (vt)	есту	[estu]
pagar (vt)	төлеу	[tøleu]
parar (vi)	тоқтау	[toqtau]
parar, cessar (vt)	доғару	[doɣaru]
participar (vi)	қатысу	[qatɪsu]
pedir (comida, etc.)	жасату	[ʒasatu]
pedir (um favor, etc.)	сұрау	[sʊrau]
pegar (tomar)	алу	[alu]
pegar (uma bola)	ұстау	[ʊstau]
pensar (vi, vt)	ойлану	[ojlanu]
perceber (ver)	байқап қалу	[bajqap qalu]
perdoar (vt)	кешіру	[keʃiru]
perguntar (vt)	сұрау	[sʊrau]
permitir (vt)	рұқсат ету	[rʊqsat etu]
pertencer a ... (vi)	меншігі болу	[menʃigi bolu]
planejar (vt)	жоспарлау	[ʒosparlau]
poder (~ fazer algo)	істей алу	[istej alu]
possuir (uma casa, etc.)	ие болу	[ie bolu]
preferir (vt)	артық көру	[artɪq køru]
preparar (vt)	әзірлеу	[æzirleu]
prever (vt)	алдағыны болжап білу	[aldaɣɪnɪ bolʒap bilu]
prometer (vt)	уәде беру	[wæde beru]
pronunciar (vt)	айту	[ajtu]
propor (vt)	ұсыну	[ʊsɪnu]
punir (castigar)	жазалау	[ʒazalau]
quebrar (vt)	сындыру	[sɪndɪru]
queixar-se de ...	арыздану	[arɪzdanu]
querer (desejar)	тілеу	[tileu]

16. Os verbos mais importantes. Parte 4

ralhar, repreender (vt)	ұрсу	[ʊrsu]
recomendar (vt)	кеңес беру	[keŋes beru]

repetir (dizer outra vez)	қайталау	[qajtalau]
reservar (~ um quarto)	кейінге сақтау	[kejinge saqtau]
responder (vt)	жауап беру	[ʒawap beru]

rezar, orar (vi)	сиыну	[sıinu]
rir (vi)	күлу	[kʉlu]
roubar (vt)	ұрлау	[ʊrlau]
saber (vt)	білу	[bilu]
sair (~ de casa)	шығу	[ʃïɣu]

salvar (resgatar)	құтқару	[qʊtqaru]
seguir (~ alguém)	артынан еру	[artinan eru]
sentar-se (vr)	отыру	[otiru]
ser necessário	керек болу	[kerek bolu]

ser, estar	болу	[bolu]
significar (vt)	білдіру	[bilˈdiru]
sorrir (vi)	күлімдеу	[kʉlimdeu]
subestimar (vt)	бағаламау	[baɣalamau]
surpreender-se (vr)	таңдану	[taŋdanu]

tentar (~ fazer)	байқап көру	[bajqap køru]
ter (vt)	өзінде бар болу	[øzinde bar bolu]
ter fome	жегісі келу	[ʒegisi kelu]

ter medo	қорқу	[qorqu]
ter sede	шөлдеу	[ʃøldeu]
tocar (com as mãos)	қозғау	[qozɣau]
tomar café da manhã	ертеңгі тамақты ішу	[erteŋgi tamaqti iʃu]
trabalhar (vi)	жұмыс істеу	[ʒumis isteu]
traduzir (vt)	аудару	[audaru]

unir (vt)	біріктіру	[biriktirʉ]
vender (vt)	сату	[satu]
ver (vt)	көру	[køru]
virar (~ para a direita)	бұру	[buru]
voar (vi)	ұшу	[ʊʃu]

TEMPO. CALENDÁRIO

17. Dias da semana

segunda-feira (f)	дүйсенбі	[dujsenbi]
terça-feira (f)	сейсенбі	[sejsenbi]
quarta-feira (f)	сәрсенбі	[særsenbi]
quinta-feira (f)	бейсенбі	[bejsenbi]
sexta-feira (f)	жұма	[ʒuma]
sábado (m)	сенбі	[senbi]
domingo (m)	жексенбі	[ʒeksenbi]
hoje	бүгін	[bugin]
amanhã	ертең	[erteŋ]
depois de amanhã	бүрсігүні	[bursiguni]
ontem	кеше	[keʃæ]
anteontem	алдыңғы күні	[aldɨŋɣɨ kuni]
dia (m)	күн	[kun]
dia (m) de trabalho	жұмыс күні	[ʒumis kuni]
feriado (m)	мерекелік күн	[merekelik kun]
dia (m) de folga	демалыс күні	[demalis kuni]
fim (m) de semana	демалыс	[demalis]
o dia todo	күні бойы	[kuni boji]
no dia seguinte	ертесіне	[ertesine]
há dois dias	екі күн кері	[eki kun keri]
na véspera	қарсаңында	[qarsaŋinda]
diário (adj)	күнделікті	[kundelikti]
todos os dias	күнбе-күн	[kunbe kun]
semana (f)	апта	[apta]
na semana passada	өткен жұмада	[øtken ʒumada]
semana que vem	келесі жұмада	[kelesi ʒumada]
semanal (adj)	апталық	[aptaliq]
toda semana	апта сайын	[apta sajin]
duas vezes por semana	жұмада екі рет	[ʒumada eki ret]
toda terça-feira	сейсенбі сайын	[sejsenbi sajin]

18. Horas. Dia e noite

manhã (f)	таң	[taŋ]
de manhã	таңертеңгілік	[taŋerteŋgilik]
meio-dia (m)	тал түс	[tal tus]
à tarde	түстен кейін	[tusten kejin]
tardinha (f)	кеш	[keʃ]
à tardinha	кешке	[keʃke]

noite (f)	түн	[tʉn]
à noite	түнде	[tʉnde]
meia-noite (f)	түн жарымы	[tʉn ʒarɨmɨ]

segundo (m)	секунд	[sekund]
minuto (m)	минут	[mɨnut]
hora (f)	сағат	[saɣat]
meia hora (f)	жарты сағат	[ʒartɨ saɣat]
quarto (m) de hora	он бес минут	[on bes mɨnut]
quinze minutos	он бес минут	[on bes mɨnut]
vinte e quatro horas	тәулік	[tæulik]

nascer (m) do sol	күннің шығуы	[kʉnin ʃɨɣuɨ]
amanhecer (m)	таң ату	[taŋ atu]
madrugada (f)	азан	[azan]
pôr-do-sol (m)	күннің батуы	[kʉnin batuɨ]

de madrugada	таңертең	[taŋerteŋ]
esta manhã	бүгін ертеңмен	[bʉgin erteŋmen]
amanhã de manhã	ертең ертеңгісін	[erteŋ erteŋgisin]

esta tarde	бүгін күндіз	[bʉgin kʉndiz]
à tarde	түстен кейін	[tʉsten kejin]
amanhã à tarde	ертең түстен кейін	[erteŋ tʉsten kejin]

| esta noite, hoje à noite | бүгін кешке | [bʉgin keʃke] |
| amanhã à noite | ертең кешке | [erteŋ keʃke] |

às três horas em ponto	сағат дәл үште	[saɣat dæl ʉʃte]
por volta das quatro	сағат төртке қарай	[saɣat tørtke qaraj]
às doze	сағат он екіге қарай	[saɣat on ekige qaraj]

em vinte minutos	жиырма минуттан соң	[ʒɨɨrma mɨnuttan soŋ]
em uma hora	бір сағаттан соң	[bir saɣattan soŋ]
a tempo	дәл кезінде	[dæl kezinde]

... um quarto para	он бес минутсыз	[on bes mɨnutsɨz]
dentro de uma hora	сағат бойында	[saɣat bojɨnda]
a cada quinze minutos	әр он бес минут сайын	[ær on bes mɨnut sajɨn]
as vinte e quatro horas	тәулік бойы	[tæulik bojɨ]

19. Meses. Estações

janeiro (m)	қаңтар	[qaŋtar]
fevereiro (m)	ақпан	[aqpan]
março (m)	наурыз	[naurɨz]
abril (m)	сәуір	[sæwir]
maio (m)	мамыр	[mamɨr]
junho (m)	маусым	[mausɨm]

julho (m)	шілде	[ʃilde]
agosto (m)	тамыз	[tamɨz]
setembro (m)	қыркүйек	[qɨrkʉjek]
outubro (m)	қазан	[qazan]

| novembro (m) | қараша | [qaraʃa] |
| dezembro (m) | желтоқсан | [ʒeltoqsan] |

primavera (f)	көктем	[køktem]
na primavera	көктемде	[køktemde]
primaveril (adj)	көктемгі	[køktemgi]

verão (m)	жаз	[ʒaz]
no verão	жазда	[ʒazda]
de verão	жазғы	[ʒazɣɨ]

outono (m)	күз	[kʉz]
no outono	күзде	[kʉzde]
outonal (adj)	күздік	[kʉzdik]

inverno (m)	қыс	[qɨs]
no inverno	қыста	[qɨsta]
de inverno	қысқы	[qɨsqɨ]

mês (m)	ай	[aj]
este mês	осы айда	[osɨ ajda]
mês que vem	келесі айда	[kelesi ajda]
no mês passado	өткен айда	[øtken ajda]

um mês atrás	бір ай кері	[bir aj keri]
em um mês	бір айдан кейін	[bir ajdan kejin]
em dois meses	екі айдан кейін	[eki ajdan kejin]
todo o mês	ай бойы	[aj bojɨ]
um mês inteiro	ай бойы	[aj bojɨ]

mensal (adj)	ай сайынғы	[aj sajɨnɣɨ]
mensalmente	ай сайын	[aj sajɨn]
todo mês	әр айда	[ær ajda]
duas vezes por mês	айда екі рет	[ajda eki ret]

ano (m)	жыл	[ʒɨl]
este ano	биылғы	[bɨɨlɣɨ]
ano que vem	келесі жылы	[kelesi ʒɨlɨ]
no ano passado	өткен жылы	[øtken ʒɨlɨ]

há um ano	алдынғы жылы	[aldɨnɣɨ ʒɨlɨ]
em um ano	бір жылдан кейін	[bir ʒɨldan kejin]
dentro de dois anos	екі жылдан кейін	[eki ʒɨldan kejin]
todo o ano	жыл бойы	[ʒɨl bojɨ]
um ano inteiro	жыл бойы	[ʒɨl bojɨ]

cada ano	әр жыл сайын	[ær ʒɨl sajɨn]
anual (adj)	жыл сайынғы	[ʒɨl sajɨnɣɨ]
anualmente	жыл сайын	[ʒɨl sajɨn]
quatro vezes por ano	жылына төрт рет	[ʒɨlɨna tørt ret]

data (~ de hoje)	сан	[san]
data (ex. ~ de nascimento)	дата	[data]
calendário (m)	күнтізбе	[kʉntizbe]
meio ano	жарты жыл	[ʒartɨ ʒɨl]
seis meses	жарты жылдық	[ʒartɨ ʒɨldɨq]

| estação (f) | маусым | [mausim] |
| século (m) | ғасыр | [ɣasir] |

VIAGENS. HOTEL

20. Viagens

turismo (m)	туризм	[turızm]
turista (m)	турист	[turıst]
viagem (f)	саяхат	[sajahat]
aventura (f)	оқиға	[oqıɣa]
percurso (curta viagem)	сапар	[sapar]
férias (f pl)	демалыс	[demalis]
estar de férias	демалыста болу	[demalista bolu]
descanso (m)	демалу	[demalu]
trem (m)	пойыз	[pojiz]
de trem (chegar ~)	пойызбен	[pojizben]
avião (m)	ұшақ	[uʃaq]
de avião	ұшақпен	[uʃaqpen]
de carro	автомобильде	[avtomobılʲde]
de navio	кемеде	[kemede]
bagagem (f)	жолжүк	[ʒolʒʉk]
mala (f)	шабадан	[ʃabadan]
carrinho (m)	жүкке арналған арбаша	[ʒʉkke arnalɣan arbaʃa]
passaporte (m)	паспорт	[pasport]
visto (m)	виза	[vıza]
passagem (f)	билет	[bılet]
passagem (f) aérea	авиабилет	[avıabılet]
guia (m) de viagem	жол көрсеткіш	[ʒol kørsetkiʃ]
mapa (m)	карта	[karta]
área (f)	атырап	[atirap]
lugar (m)	мекен	[meken]
exotismo (m)	экзотика	[ɛkzotıka]
exótico (adj)	экзотикалық	[ɛkzotıkaliq]
surpreendente (adj)	таңғажайып	[taŋɣaʒajip]
grupo (m)	группа	[gruppa]
excursão (f)	экскурсия	[ɛkskursıja]
guia (m)	экскурсия жетекшісі	[ɛkskursıja ʒetekʃisi]

21. Hotel

hotel (m)	қонақ үй	[qonaq ʉj]
motel (m)	мотель	[motɛlʲ]
três estrelas	үш жұлдыз	[uʃ ʒʉldiz]

| cinco estrelas | бес жұлдыз | [bes ʒuldiz] |
| ficar (vi, vt) | тоқтау | [toqtau] |

quarto (m)	нөмір	[nømir]
quarto (m) individual	бір адамдықнөмір	[bir adamdıqnømir]
quarto (m) duplo	екі адамдық нөмір	[eki adamdıq nømir]
reservar um quarto	нөмірді броньдау	[nømirdi bronʲdau]

| meia pensão (f) | жартылай пансион | [ʒartilaj pansıon] |
| pensão (f) completa | толық пансион | [tolıq pansıon] |

com banheira	ваннамен	[vanamen]
com chuveiro	душпен	[duʃpen]
televisão (m) por satélite	спутник теледидары	[sputnık teledıdari]
ar (m) condicionado	кондиционер	[kondıtsıoner]
toalha (f)	орамал	[oramal]
chave (f)	кілт	[kilt]

administrador (m)	әкімші	[ækimʃi]
camareira (f)	қызметші әйел	[qizmetʃi æjel]
bagageiro (m)	жүкші	[ʒukʃi]
porteiro (m)	портье	[portʲe]

restaurante (m)	мейрамхана	[mejramhana]
bar (m)	бар	[bar]
café (m) da manhã	ертеңгілік тамақ	[erteŋgilik tamaq]
jantar (m)	кешкі тамақ	[keʃki tamaq]
bufê (m)	шведтік үстел	[ʃvedtiq ustel]

| saguão (m) | вестибюль | [vestıbjulʲ] |
| elevador (m) | жеделсаты | [ʒedelsati] |

| NÃO PERTURBE | МАЗАЛАМАУ | [mazalamau] |
| PROIBIDO FUMAR! | ТЕМЕКІ ТАРТПАУ | [temeki tartpau] |

22. Turismo

monumento (m)	ескерткіш	[eskertkiʃ]
fortaleza (f)	қамал	[qamal]
palácio (m)	сарай	[saraj]
castelo (m)	сарай	[saraj]
torre (f)	мұнара	[munara]
mausoléu (m)	мазар	[mazar]

arquitetura (f)	сәулет	[sæulet]
medieval (adj)	орта ғасырлы	[orta ɣasirli]
antigo (adj)	ескі	[eski]
nacional (adj)	ұлттық	[ulttiq]
famoso, conhecido (adj)	атаулы	[atauli]

turista (m)	турист	[turıst]
guia (pessoa)	гид	[gıd]
excursão (f)	экскурсия	[ɛkskursıja]
mostrar (vt)	көрсету	[kørsetu]

contar (vt)	әңгімелеу	[æŋgimeleu]
encontrar (vt)	табу	[tabu]
perder-se (vr)	жоғалу	[ʒoɣalu]
mapa (~ do metrô)	схема	[shema]
mapa (~ da cidade)	жоспар	[ʒospar]

lembrança (f), presente (m)	базарлық	[bazarliq]
loja (f) de presentes	базарлық дукені	[bazarliq dukeni]
tirar fotos, fotografar	суретке түсіру	[suretke tusiru]
fotografar-se (vr)	суретке түсу	[suretke tusu]

TRANSPORTES

23. Aeroporto

aeroporto (m)	әуежай	[æweʒaj]
avião (m)	ұшақ	[uʃaq]
companhia (f) aérea	авиакомпания	[avɪakompanɪja]
controlador (m) de tráfego aéreo	диспетчер	[dɪspetʃer]
partida (f)	ұшу	[uʃu]
chegada (f)	ұшып келу	[uʃip kelu]
chegar (vi)	ұшып келу	[uʃip kelu]
hora (f) de partida	ұшып шығу уақыты	[uʃip ʃɤу uaqiti]
hora (f) de chegada	ұшып келу уақыты	[uʃip kelu uaqiti]
estar atrasado	кідіру	[kidiru]
atraso (m) de voo	ұшып шығудың кідіруі	[uʃip ʃɤudidiŋ kidirui]
painel (m) de informação	ақпараттық табло	[aqparatiq tablo]
informação (f)	ақпарат	[aqparat]
anunciar (vt)	әйгілеу	[æjgileu]
voo (m)	рейс	[rejs]
alfândega (f)	кеден	[keden]
funcionário (m) da alfândega	кеденші	[kedenʃi]
declaração (f) alfandegária	декларация	[deklaratsija]
preencher a declaração	декларацияны толтыру	[deklaratsijani toltiru]
controle (m) de passaporte	төлқұжат бақылауы	[tølquʒat baqilaui]
bagagem (f)	жүк	[ʒuk]
bagagem (f) de mão	қол жүк	[qol ʒuk]
carrinho (m)	арбаша	[arbaʃa]
pouso (m)	отырғызу	[otirɤizu]
pista (f) de pouso	отырғызу алабы	[otirɤizu alabi]
aterrissar (vi)	қону	[qonu]
escada (f) de avião	басқыш	[basqiʃ]
check-in (m)	тіркеу	[tirkeu]
balcão (m) do check-in	тіркеу үлдірігі	[tirkeu uldirigi]
fazer o check-in	тіркелу	[tirkelu]
cartão (m) de embarque	отырғызу талоны	[otirɤizu taloni]
portão (m) de embarque	шығу	[ʃɤу]
trânsito (m)	транзит	[tranzit]
esperar (vi, vt)	күту	[kutu]

sala (f) de espera	кұту залы	[kutu zali]
despedir-se (acompanhar)	ұзату	[uzatu]
despedir-se (dizer adeus)	қоштасу	[qoʃtasu]

24. Avião

avião (m)	ұшақ	[uʃaq]
passagem (f) aérea	авиабилет	[avıabılet]
companhia (f) aérea	авиакомпания	[avıakompanıja]
aeroporto (m)	әуежай	[æweʒaj]
supersônico (adj)	дыбыстан жүйрік	[dibistan ʒujrik]

comandante (m) do avião	кеме командирі	[keme komandıri]
tripulação (f)	экипаж	[ɛkıpaʒ]
piloto (m)	ұшқыш	[uʃqiʃ]
aeromoça (f)	аспансерік	[aspanserik]
copiloto (m)	штурман	[ʃturman]

asas (f pl)	қанаттар	[qanattar]
cauda (f)	құйрық	[qujriq]
cabine (f)	кабина	[kabına]
motor (m)	қозғалтқыш	[qozɣaltqiʃ]

| trem (m) de pouso | шасси | [ʃassı] |
| turbina (f) | турбина | [turbına] |

| hélice (f) | пропеллер | [propeller] |
| caixa-preta (f) | қара жәшік | [qara ʒæʃik] |

| coluna (f) de controle | штурвал | [ʃturval] |
| combustível (m) | жағармай | [ʒaɣarmaj] |

instruções (f pl) de segurança	нұсқама	[nusqama]
máscara (f) de oxigênio	оттегі маскасы	[ottegi maskasi]
uniforme (m)	униформа	[unıforma]

| colete (m) salva-vidas | құтқару жилеті | [qutqaru ʒıleti] |
| paraquedas (m) | парашют | [paraʃut] |

decolagem (f)	ұшып көтерілу	[uʃip køterilu]
descolar (vi)	ұшып көтерілу	[uʃip køterilu]
pista (f) de decolagem	ұшу алаңы	[uʃu alaŋi]

| visibilidade (f) | көріну | [kørinu] |
| voo (m) | ұшу | [uʃu] |

| altura (f) | биіктік | [bıiktik] |
| poço (m) de ar | әуе құдығы | [æwe qundiɣi] |

assento (m)	орын	[orin]
fone (m) de ouvido	құлаққап	[qulaqqap]
mesa (f) retrátil	қайырмалы үстел	[qajirmali ustel]
janela (f)	иллюминатор	[ılljumınator]
corredor (m)	өткел	[øtkel]

25. Comboio

trem (m)	пойыз	[pojiz]
trem (m) elétrico	электричка	[ɛlektrɪtʃka]
trem (m)	жүрдек пойыз	[ʒʉrdek pojiz]
locomotiva (f) diesel	тепловоз	[teplovoz]
locomotiva (f) a vapor	паровоз	[parovoz]
vagão (f) de passageiros	вагон	[vagon]
vagão-restaurante (m)	вагон-ресторан	[vagon restoran]
carris (m pl)	рельстер	[relʲster]
estrada (f) de ferro	темір жол	[temir ʒol]
travessa (f)	шпал	[ʃpal]
plataforma (f)	платформа	[platforma]
linha (f)	жол	[ʒol]
semáforo (m)	семафор	[semafor]
estação (f)	станция	[stanʦɪja]
maquinista (m)	машинист	[maʃɪnɪst]
bagageiro (m)	жүк тасушы	[ʒʉk tasuʃi]
hospedeiro, -a (m, f)	жолбасшы	[ʒolbasʃi]
passageiro (m)	жолаушы	[ʒolauʃi]
revisor (m)	бақылаушы	[baqilauʃi]
corredor (m)	дәліз	[dæliz]
freio (m) de emergência	тоқтату краны	[toqtatu krani]
compartimento (m)	купе	[kupe]
cama (f)	сөре	[søre]
cama (f) de cima	жоғарғы сөре	[ʒoɣarɣi søre]
cama (f) de baixo	төменгі сөре	[tømengi søre]
roupa (f) de cama	төсек-орын жабдығы	[tøsek orin ʒabdiɣi]
passagem (f)	билет	[bilet]
horário (m)	кесте	[keste]
painel (m) de informação	табло	[tablo]
partir (vt)	шегіну	[ʃæginu]
partida (f)	пойыздың жүруі	[pojizdiŋ ʒʉrui]
chegar (vi)	келу	[kelu]
chegada (f)	келу	[kelu]
chegar de trem	пойызбен келу	[pojizben kelu]
pegar o trem	пойызға отыру	[pojizɣa otiru]
descer de trem	пойыздан шығу	[pojizdan ʃiɣu]
acidente (m) ferroviário	апат	[apat]
locomotiva (f) a vapor	паровоз	[parovoz]
foguista (m)	от жағушы	[ot ʒaɣuʃi]
fornalha (f)	оттық	[ottiq]
carvão (m)	көмір	[kømir]

26. Barco

navio (m)	кеме	[keme]
embarcação (f)	кеме	[keme]
barco (m) a vapor	пароход	[parohod]
barco (m) fluvial	теплоход	[teplohod]
transatlântico (m)	лайнер	[lajner]
cruzeiro (m)	крейсер	[krejser]
iate (m)	яхта	[jahta]
rebocador (m)	буксир	[buksır]
barcaça (f)	баржа	[barʒa]
ferry (m)	паром	[parom]
veleiro (m)	желкенші	[ʒelkenʃi]
bergantim (m)	бригантина	[brıgantına]
quebra-gelo (m)	мұз жарғыш	[mʊz ʒarɣıʃ]
submarino (m)	сүңгуір қайық	[sʊŋguir qajıq]
bote, barco (m)	қайық	[qajıq]
baleeira (bote salva-vidas)	шлюпка	[ʃljupka]
bote (m) salva-vidas	құтқарушы қайық	[qʊtqaruʃı qajıq]
lancha (f)	кеме	[keme]
capitão (m)	капитан	[kapıtan]
marinheiro (m)	кемеші	[kemeʃi]
marujo (m)	теңізші	[teŋizʃi]
tripulação (f)	экипаж	[ɛkıpaʒ]
contramestre (m)	боцман	[botsman]
grumete (m)	юнга	[junga]
cozinheiro (m) de bordo	кок	[kok]
médico (m) de bordo	кеме дәрігері	[keme dærigeri]
convés (m)	палуба	[paluba]
mastro (m)	діңгек	[diŋgek]
vela (f)	желкен	[ʒelken]
porão (m)	трюм	[trjum]
proa (f)	тұмсық	[tʊmsıq]
popa (f)	корма	[korma]
remo (m)	ескек	[eskek]
hélice (f)	винт	[vınt]
cabine (m)	каюта	[kajuta]
sala (f) dos oficiais	ортақ бөлме	[ortaq bølme]
sala (f) das máquinas	машина бөлімі	[maʃına bølimi]
ponte (m) de comando	капитан мінбесі	[kapıtan minbesi]
sala (f) de comunicações	радиорубка	[radıorubka]
onda (f)	толқын	[tolqın]
diário (m) de bordo	кеме журналы	[keme ʒurnalı]
luneta (f)	көру дүрбісі	[køru dʉrbisi]
sino (m)	қоңырау	[qoŋırau]

bandeira (f)	ту	[tu]
cabo (m)	арқан	[arqan]
nó (m)	түйін	[tüjin]
corrimão (m)	тұтқа	[tʊtqa]
prancha (f) de embarque	басқыш	[basqiʃ]
âncora (f)	зәкір	[zækir]
recolher a âncora	зәкірді көтеру	[zækirdi køteru]
jogar a âncora	зәкірді тастау	[zækirdi tastau]
amarra (corrente de âncora)	зәкір шынжыры	[zækir ʃinʒiri]
porto (m)	кемежай	[kemeʒaj]
cais, amarradouro (m)	айлақ	[ajlaq]
atracar (vi)	айлақтау	[ajlaqtau]
desatracar (vi)	қозғалып кету	[qozɣalip ketu]
viagem (f)	саяхат	[sajahat]
cruzeiro (m)	круиз	[kruɪz]
rumo (m)	бағыт	[baɣit]
itinerário (m)	бағдар	[baɣdar]
canal (m) de navegação	фарватер	[farvater]
banco (m) de areia	қайыр	[qajir]
encalhar (vt)	тақырға отырып қалу	[taqirɣa otirip qalu]
tempestade (f)	дауыл	[dawil]
sinal (m)	сигнал	[signal]
afundar-se (vr)	бату	[batu]
SOS	SOS	[sos]
boia (f) salva-vidas	құтқару дөңгелегі	[qjutqaru døŋgelegi]

CIDADE

27. Transportes urbanos

ônibus (m)	автобус	[avtobus]
bonde (m) elétrico	трамвай	[tramvaj]
trólebus (m)	троллейбус	[trollejbus]
rota (f), itinerário (m)	бағдар	[baɣdar]
número (m)	нөмір	[nømir]
ir de … (carro, etc.)	… бару	[baru]
entrar no …	отыру	[otiru]
descer do …	шығу	[ʃiɣu]
parada (f)	аялдама	[ajaldama]
próxima parada (f)	келесі аялдама	[kelesi ajaldama]
terminal (m)	соңғы аялдама	[soŋɣɨ ajaldama]
horário (m)	кесте	[keste]
esperar (vt)	тосу	[tosu]
passagem (f)	билет	[bɪlet]
tarifa (f)	билеттің құны	[bɪlettiŋ qʊnɪ]
bilheteiro (m)	кассир	[kassɪr]
controle (m) de passagens	бақылау	[baqɨlau]
revisor (m)	бақылаушы	[baqɨlauʃɪ]
atrasar-se (vr)	кешігу	[keʃigu]
perder (o autocarro, etc.)	кешігу	[keʃigu]
estar com pressa	асығу	[asɨɣu]
táxi (m)	такси	[taksɪ]
taxista (m)	таксист	[taksɪst]
de táxi (ir ~)	таксимен	[taksɪmen]
ponto (m) de táxis	такси тұрағы	[taksɪ turaɣɪ]
chamar um táxi	такси жалдау	[taksɪ ʒaldau]
pegar um táxi	такси жалдау	[taksɪ ʒaldau]
tráfego (m)	көше қозғалысы	[køʃæ qozɣalisɪ]
engarrafamento (m)	тығын	[tiɣɨn]
horas (f pl) de pico	қарбалас сағаттары	[qarbalas saɣattarɪ]
estacionar (vi)	көлікті қою	[kølikti qoju]
estacionar (vt)	көлікті қою	[kølikti qoju]
parque (m) de estacionamento	тұрақ	[turaq]
metrô (m)	метро	[metro]
estação (f)	бекет	[beket]
ir de metrô	метромен жүру	[metromen ʒuru]
trem (m)	пойыз	[pojiz]
estação (f) de trem	вокзал	[vokzal]

28. Cidade. Vida na cidade

cidade (f)	қала	[qala]
capital (f)	астана	[astana]
aldeia (f)	ауыл	[awïl]
mapa (m) da cidade	қаланың жоспары	[qalanïŋ ʒospari]
centro (m) da cidade	қаланың орталығы	[qalanïŋ ortalïɣï]
subúrbio (m)	қала маңы	[qala maŋï]
suburbano (adj)	қала маңайы	[qala maŋajï]
periferia (f)	түкпір	[tʉkpir]
arredores (m pl)	айнала-төңірек	[ajnalatøŋirek]
quarteirão (m)	квартал	[kvartal]
quarteirão (m) residencial	тұрғын квартал	[turɣïn kvartal]
tráfego (m)	жүріс	[ʒʉris]
semáforo (m)	бағдаршам	[baɣdarʃam]
transporte (m) público	қала көлігі	[qala køligi]
cruzamento (m)	жол торабы	[ʒol torabï]
faixa (f)	өтпелі	[øtpeli]
túnel (m) subterrâneo	жерасты өтпе жолы	[ʒerastï øtpe ʒolï]
cruzar, atravessar (vt)	өту	[øtu]
pedestre (m)	жаяу	[ʒajau]
calçada (f)	жаяулар жүретін жол	[ʒajaular ʒʉretin ʒol]
ponte (f)	көпір	[køpir]
margem (f) do rio	жағалау	[ʒaɣalau]
alameda (f)	саяжол	[sajaʒol]
parque (m)	саябақ	[sajabaq]
bulevar (m)	бульвар	[bulʲvar]
praça (f)	алаң	[alaŋ]
avenida (f)	даңғыл	[daŋɣïl]
rua (f)	көше	[køʃæ]
travessa (f)	тұйық көше	[tujïq køʃæ]
beco (m) sem saída	тұйық	[tujïq]
casa (f)	үй	[ʉj]
edifício, prédio (m)	ғимарат	[ɣïmarat]
arranha-céu (m)	зеңгір үй	[zeŋgir ʉj]
fachada (f)	фасад	[fasad]
telhado (m)	шатыр	[ʃatir]
janela (f)	терезе	[tereze]
arco (m)	дарбаза	[darbaza]
coluna (f)	колонна	[kolona]
esquina (f)	бұрыш	[burïʃ]
vitrine (f)	көрме	[kørme]
letreiro (m)	маңдайша жазу	[maŋdajʃa ʒazu]
cartaz (do filme, etc.)	жарқағаз	[ʒarqaɣaz]
cartaz (m) publicitário	жарнамалық плакат	[ʒarnamaliq plakat]
painel (m) publicitário	жарнама қалқаны	[ʒarnama qalqanï]

lixo (m)	қоқым-соқым	[qoqim soqim]
lata (f) de lixo	қоқыс салатын урна	[qoqis salatin urna]
jogar lixo na rua	қоқыту	[qoqitu]
aterro (m) sanitário	қоқыс тастайтын жер	[qoqis tastajtin ʒer]
orelhão (m)	телефон будкасі	[telefon budkasi]
poste (m) de luz	фонарь бағанасы	[fonarı baɣanasi]
banco (m)	орындық	[orindiq]
polícia (m)	полицей	[polıtsej]
polícia (instituição)	полиция	[polıtsija]
mendigo, pedinte (m)	қайыршы	[qajirʃi]
desabrigado (m)	үйсіз	[ʉjsiz]

29. Instituições urbanas

loja (f)	дүкен	[dʉken]
drogaria (f)	дәріхана	[dærihana]
ótica (f)	оптика	[optıka]
centro (m) comercial	сауда орталығы	[sauda ortaliɣi]
supermercado (m)	супермаркет	[supermarket]
padaria (f)	тоқаш сататын дүкен	[toqaʃ satatin dʉken]
padeiro (m)	наубайшы	[naubajʃi]
pastelaria (f)	кондитер	[kondıter]
mercearia (f)	бакалея	[bakaleja]
açougue (m)	ет дүкені	[et dʉkeni]
fruteira (f)	көкөнісдүкені	[køkønisdʉkeni]
mercado (m)	нарық	[nariq]
cafeteria (f)	кафе	[kafe]
restaurante (m)	мейрамхана	[mejramhana]
bar (m)	сырахана	[sirahana]
pizzaria (f)	пиццерия	[pıtserıja]
salão (m) de cabeleireiro	шаштараз	[ʃaʃtaraz]
agência (f) dos correios	пошта	[poʃta]
lavanderia (f)	химиялық тазалау	[hımıjaliq tazalau]
estúdio (m) fotográfico	фотосурет шеберханасы	[fotosuret ʃæberhanasi]
sapataria (f)	аяқ киім дүкені	[ajaq kıim dʉkeni]
livraria (f)	кітап дүкені	[kitap dʉkeni]
loja (f) de artigos esportivos	спорт дүкені	[sport dʉkeni]
costureira (m)	киім жөндеу	[kıim ʒøndeu]
aluguel (m) de roupa	киімді жалға беру	[kıimdi ʒalɣa beru]
videolocadora (f)	фильмді жалға беру	[fılʲmdi ʒalɣa beru]
circo (m)	цирк	[tsırk]
jardim (m) zoológico	айуанаттар паркі	[ajuanattar parki]
cinema (m)	кинотеатр	[kınoteatr]
museu (m)	музей	[muzej]
biblioteca (f)	кітапхана	[kitaphana]

teatro (m)	театр	[teatr]
ópera (f)	опера	[opera]
boate (casa noturna)	түнгі клуб	[tungi klub]
cassino (m)	казино	[kazıno]

mesquita (f)	мешіт	[meʃit]
sinagoga (f)	синагога	[sınagoga]
catedral (f)	кесене	[kesene]
templo (m)	ғибадатхана	[ɣıbadathana]
igreja (f)	шіркеу	[ʃirkeu]

faculdade (f)	институт	[ınstıtut]
universidade (f)	университет	[unıversıtet]
escola (f)	мектеп	[mektep]

prefeitura (f)	әкімшілік	[ækimʃilik]
câmara (f) municipal	әкімдік	[ækimdik]
hotel (m)	қонақ үй	[qonaq uj]
banco (m)	банк	[bank]

embaixada (f)	елшілік	[elʃilik]
agência (f) de viagens	туристік агенттік	[turıstik agenttik]
agência (f) de informações	анықтама бюросы	[anıqtama bjurosı]
casa (f) de câmbio	айырбас пункті	[ajırbas punkti]

| metrô (m) | метро | [metro] |
| hospital (m) | емхана | [emhana] |

| posto (m) de gasolina | жанармай | [ʒanarmaj] |
| parque (m) de estacionamento | тұрақ | [turaq] |

30. Sinais

letreiro (m)	маңдайша жазу	[maŋdajʃa ʒazu]
aviso (m)	жазба	[ʒazba]
cartaz, pôster (m)	плакат	[plakat]
placa (f) de direção	көрсеткіш	[kørsetkiʃ]
seta (f)	тіл	[til]

aviso (advertência)	алдын-ала ескерту	[aldin ala eskertu]
sinal (m) de aviso	ескерту	[eskertu]
avisar, advertir (vt)	ескерту	[eskertu]

dia (m) de folga	демалыс күні	[demalis kuni]
horário (~ dos trens, etc.)	кесте	[keste]
horário (m)	жұмыс сағаттары	[ʒumis saɣattari]

BEM-VINDOS!	ҚОШ КЕЛДІҢІЗДЕР!	[qoʃ keldiŋizder]
ENTRADA	КІРУ	[kiru]
SAÍDA	ШЫҒУ	[ʃïɣu]

EMPURRE	ИТЕРУ	[ıteru]
PUXE	ТАРТУ	[tartu]
ABERTO	АШЫҚ	[aʃiq]

FECHADO	ЖАБЫҚ	[ʒabïq]
MULHER	ӘЙЕЛДЕР	[æjelder]
HOMEM	ЕРКЕКТЕР	[ɛrkekter]

DESCONTOS	ЖЕҢІЛДІКТЕР	[ʒeŋildikter]
SALDOS, PROMOÇÃO	КӨТЕРЕ САТУ	[køtere satu]
NOVIDADE!	ЖАҢАЛЫҚ!	[ʒaŋalïq]
GRÁTIS	АҚЫСЫЗ	[aqïsïz]

ATENÇÃO!	НАЗАР АУДАРЫҢЫЗ!	[nazar audarïŋiz]
NÃO HÁ VAGAS	ОРЫН ЖОҚ	[orïn ʒoq]
RESERVADO	БРОНЬДАЛҒАН	[bronʲdalɣan]

ADMINISTRAÇÃO	ӘКІМШІЛІК	[ækimʃilik]
SOMENTE PESSOAL	ТЕК ҚЫЗМЕТКЕРЛЕР	[tek qïzmetkerler
AUTORIZADO	ҮШІН	üʃin]

CUIDADO CÃO FEROZ	ҚАБАҒАН ИТ	[qabaɣan ït]
PROIBIDO FUMAR!	ТЕМЕКІ ШЕКПЕҢІЗ!	[temeki ʃækpeŋiz]
NÃO TOCAR	ҚОЛМЕН ҰСТАМАҢЫЗ!	[qolmen ustamaŋiz]

PERIGOSO	ҚАУІПТІ	[qawipti]
PERIGO	ҚАУІП-ҚАТЕР	[qawip qater]
ALTA TENSÃO	ЖОҒАРЫ КЕРНЕУ	[ʒoɣarï kerneu]
PROIBIDO NADAR	ШОМЫЛУҒА ТЫЙЫМ САЛЫНАДЫ	[ʃomïluɣa tïjïm salïnadï]
COM DEFEITO	ІСТЕМЕЙДІ	[istemejdi]

INFLAMÁVEL	ӨРТЕНГІШ	[ørtengiʃ]
PROIBIDO	ТЫЙЫМ САЛЫНАДЫ	[tïjïm salïnadï]
ENTRADA PROIBIDA	ӨТУГЕ ТЫЙЫМ САЛЫНАДЫ	[øtuge tïjïm salïnadï]
CUIDADO TINTA FRESCA	БОЯУЛЫ	[bojaulï]

31. Compras

comprar (vt)	сатып алу	[satïp alu]
compra (f)	сатып алынған зат	[satïp alïnɣan zat]
fazer compras	сауда жасау	[sauda ʒasau]
compras (f pl)	шоппинг	[ʃoppïng]

estar aberta (loja)	жұмыс істеу	[ʒumïs isteu]
estar fechada	жабылу	[ʒabïlu]

calçado (m)	аяқ киім	[ajaq kïim]
roupa (f)	киім	[kïim]
cosméticos (m pl)	косметика	[kosmetïka]
alimentos (m pl)	азық-түлік	[azïq tülik]
presente (m)	сыйлық	[sïjlïq]

vendedor (m)	сатушы	[satuʃï]
vendedora (f)	сатушы	[satuʃï]
caixa (f)	касса	[kassa]
espelho (m)	айна	[ajna]

balcão (m)	сатушы сөресі	[satuʃi søresi]
provador (m)	киіну бөлмесі	[kıinu bølmesi]
provar (vt)	шақтап көру	[ʃaqtap køru]
servir (roupa, caber)	жарасу	[ʒarasu]
gostar (apreciar)	ұнау	[ʊnau]
preço (m)	баға	[baɣa]
etiqueta (f) de preço	бағалық	[baɣaliq]
custar (vt)	тұру	[tʊru]
Quanto?	Қанша?	[qanʃa]
desconto (m)	шегерім	[ʃægerim]
não caro (adj)	қымбат емес	[qimbat emes]
barato (adj)	арзан	[arzan]
caro (adj)	қымбат	[qimbat]
É caro	бұл қымбат	[bʊl qimbat]
aluguel (m)	жалға беру	[ʒalɣa beru]
alugar (roupas, etc.)	жалға алу	[ʒalɣa alu]
crédito (m)	несие	[nesıe]
a crédito	несиеге	[nesıege]

VESTUÁRIO & ACESSÓRIOS

32. Roupa exterior. Casacos

roupa (f)	киім	[kıim]
roupa (f) exterior	сыртқы киім	[sirtqi kıim]
roupa (f) de inverno	қысқы киім	[qisqi kıim]
sobretudo (m)	шапан	[ʃapan]
casaco (m) de pele	тон	[ton]
jaqueta (f) de pele	қысқа тон	[qisqa ton]
casaco (m) acolchoado	тұлып тон	[tulip ton]
casaco (m), jaqueta (f)	куртка	[kurtka]
impermeável (m)	жадағай	[ʒadaɣaj]
a prova d'água	су өтпейтін	[su øtpejtin]

33. Vestuário de homem & mulher

camisa (f)	көйлек	[køjlek]
calça (f)	шалбар	[ʃalbar]
jeans (m)	джинсы	[dʒınsi]
paletó, terno (m)	пиджак	[pıdʒak]
terno (m)	костюм	[kostjum]
vestido (ex. ~ de noiva)	көйлек	[køjlek]
saia (f)	белдемше	[beldemʃæ]
blusa (f)	блузка	[bluzka]
casaco (m) de malha	кеудеше	[keudeʃæ]
camiseta (f)	футболка	[futbolka]
short (m)	дамбал	[dambal]
training (m)	спорттық костюм	[sporttiq kostjum]
roupão (m) de banho	шапан	[ʃapan]
pijama (m)	түнгі жейде	[tungi ʒejde]
suéter (m)	свитер	[svıter]
pulôver (m)	пуловер	[pulover]
colete (m)	желетке	[ʒeletke]
fraque (m)	фрак	[frak]
smoking (m)	смокинг	[smokıng]
uniforme (m)	бірыңғай формалы киімдер	[birinɣaj formali kıimder]
roupa (f) de trabalho	жұмыс киімі	[ʒumis kıimi]
macacão (m)	комбинезон	[kombınezon]
jaleco (m), bata (f)	шапан	[ʃapan]

34. Vestuário. Roupa interior

roupa (f) íntima	іш киім	[iʃ kıim]
camiseta (f)	ішкөйлек	[iʃkøjlek]
meias (f pl)	шұлық	[ʃʊliq]
camisola (f)	түнгі көйлек	[tʉngi køjlek]
sutiã (m)	кеудеше	[keudeʃæ]
meias longas (f pl)	гольф	[golʲf]
meias-calças (f pl)	шұлықдамбал	[ʃʊliqdambal]
meias (~ de nylon)	шұлық	[ʃʊliq]
maiô (m)	шомылу костюмі	[ʃomilu kostjumi]

35. Adereços de cabeça

chapéu (m), touca (f)	телпек	[telpek]
chapéu (m) de feltro	қалпақ	[qalpaq]
boné (m) de beisebol	бейсболка	[bejsbolka]
boina (~ italiana)	кепеш	[kepeʃ]
boina (ex. ~ basca)	берет	[beret]
capuz (m)	капюшон	[kapjuʃon]
chapéu panamá (m)	панама	[panama]
touca (f)	тоқыма телпек	[toqima telpek]
lenço (m)	орамал	[oramal]
chapéu (m) feminino	қалпақша	[qalpaqʃa]
capacete (m) de proteção	каска	[kaska]
bibico (m)	пилотка	[pilotka]
capacete (m)	дулыға	[duliɣa]
chapéu-coco (m)	котелок	[kotelok]
cartola (f)	цилиндр	[tsilindr]

36. Calçado

calçado (m)	аяқ киім	[ajaq kıim]
botinas (f pl), sapatos (m pl)	бәтеңке	[bæteŋke]
sapatos (de salto alto, etc.)	туфли	[tuflı]
botas (f pl)	етік	[etik]
pantufas (f pl)	тәпішке	[tæpiʃke]
tênis (~ Nike, etc.)	кроссовкалар	[krossovkalar]
tênis (~ Converse)	кеды	[kedɨ]
sandálias (f pl)	сандал	[sandal]
sapateiro (m)	аяқ киім жамаушы	[ajaq kıim ʒamauʃı]
salto (m)	тақа	[taqa]
par (m)	қос	[qos]
cadarço (m)	бау	[bau]

amarrar os cadarços	байлау	[bajlau]
calçadeira (f)	аяқ киімге қасық	[ajaq kıimɣe qasiq]
graxa (f) para calçado	аяқ киімге жағатын крем	[ajaq kıimɣe ʒaɣatin kirem]

37. Acessórios pessoais

luva (f)	биялай	[bıjalaj]
mitenes (f pl)	қолғап	[qolɣap]
cachecol (m)	шарф	[ʃarf]

óculos (m pl)	көзілдірік	[køzildirik]
armação (f)	жиектеме	[ʒıekteme]
guarda-chuva (m)	қол шатыр	[qol ʃatir]
bengala (f)	таяқ	[tajaq]
escova (f) para o cabelo	тарақ	[taraq]
leque (m)	желпігіш	[ʒelpigiʃ]

gravata (f)	галстук	[galstuk]
gravata-borboleta (f)	галстук-көбелек	[galstuk købelek]
suspensórios (m pl)	аспа	[aspa]
lenço (m)	қол орамал	[qol oramal]

pente (m)	тарақ	[taraq]
fivela (f) para cabelo	шаш қыстырғыш	[ʃaʃ qistirɣiʃ]
grampo (m)	шаш түйрегіш	[ʃaʃ tɥjregiʃ]
fivela (f)	айылбас	[ajilbas]

cinto (m)	белдік	[beldik]
alça (f) de ombro	белдік	[beldik]

bolsa (f)	сөмке	[sømke]
bolsa (feminina)	әйел сөмкесі	[æjel sømkesi]
mochila (f)	жолдорба	[ʒoldorba]

38. Vestuário. Diversos

moda (f)	сән	[sæn]
na moda (adj)	сәнді	[sændi]
estilista (m)	үлгіші	[ɥlgiʃi]

colarinho (m)	жаға	[ʒaɣa]
bolso (m)	қалта	[qalta]
de bolso	қалта	[qalta]
manga (f)	жең	[ʒeŋ]
ganchinho (m)	ілгіш	[ilgiʃ]
bragueta (f)	ілгек	[ilgek]

zíper (m)	ілгек	[ilgek]
colchete (m)	ілгек	[ilgek]
botão (m)	түйме	[tɥjme]
botoeira (casa de botão)	желкелік	[ʒelkelik]

soltar-se (vr)	түймені үзіп алу	[tujmeni uzip alu]
costurar (vi)	тігу	[tigu]
bordar (vt)	кесте тігу	[keste tigu]
bordado (m)	кесте	[keste]
agulha (f)	ине	[ıne]
fio, linha (f)	жіп	[ʒip]
costura (f)	тігіс	[tigis]
sujar-se (vr)	былғану	[bɨlɣanu]
mancha (f)	дақ	[daq]
amarrotar-se (vr)	қырыстанып қалу	[qɨristanɨp qalu]
rasgar (vt)	жырту	[ʒɨrtu]
traça (f)	күйе	[kuje]

39. Cuidados pessoais. Cosméticos

pasta (f) de dente	тіс пастасы	[tis pastasɨ]
escova (f) de dente	мәсуек	[mæsuek]
escovar os dentes	тіс тазалау	[tis tazalau]
gilete (f)	ұстара	[ustara]
creme (m) de barbear	қырынуға арналған крем	[qɨrɨnuɣa arnalɣan krem]
barbear-se (vr)	қырыну	[qɨrɨnu]
sabonete (m)	сабын	[sabɨn]
xampu (m)	сусабын	[susabɨn]
tesoura (f)	қайшы	[qajʃɨ]
lixa (f) de unhas	тырнақ егеуіш	[tɨrnaq egewiʃ]
corta-unhas (m)	тістеуік	[tistewik]
pinça (f)	іскек	[iskek]
cosméticos (m pl)	косметика	[kosmetɨka]
máscara (f)	маска	[maska]
manicure (f)	маникюр	[manɨkjur]
fazer as unhas	маникюр жасау	[manɨkjur ʒasau]
pedicure (f)	педикюр	[pedɨkjur]
bolsa (f) de maquiagem	бояулар салатын сомке	[bojaular salatɨn somke]
pó (de arroz)	опа	[opa]
pó (m) compacto	опа сауыт	[opa sawɨt]
blush (m)	еңлік	[eŋlik]
perfume (m)	иіс су	[ɪis su]
água-de-colônia (f)	иіссу	[ɪissu]
loção (f)	лосьон	[losʲon]
colônia (f)	әтір	[ætir]
sombra (f) de olhos	қабақ бояуы	[qabaq bojawɨ]
delineador (m)	көзге арналған қарындаш	[køzge arnalɣan qarindaʃ]
máscara (f), rímel (m)	кірпік сүрмесі	[kirpik surmesi]
batom (m)	ерін далабы	[erin dalabɨ]
esmalte (m)	тырнақ арналған лак	[tɨrnaq arnalɣan lak]

laquê (m), spray fixador (m)	шашқа арналған лак	[ʃaʃqa arnalɣan lak]
desodorante (m)	дезодорант	[dezodorant]
creme (m)	иісмай	[ɪismaj]
creme (m) de rosto	бетке арналған крем	[betke arnalɣan krem]
creme (m) de mãos	қолға арналған крем	[qolɣa arnalɣan krem]
creme (m) antirrugas	әжімге қарсы кремі	[æʒimge qarsɪ kremi]
de dia	күндізгі иісмай	[kʉndizgi ɪismaj]
da noite	түнгі иісмай	[tʉngi ɪismaj]
absorvente (m) interno	тықпа	[tɪqpa]
papel (m) higiênico	дәрет қағазы	[dæret qaɣazɪ]
secador (m) de cabelo	шаш кептіргіш	[ʃaʃ keptirgiʃ]

40. Relógios de pulso. Relógios

relógio (m) de pulso	сағат	[saɣat]
mostrador (m)	циферблат	[tsɪferblat]
ponteiro (m)	тіл	[til]
bracelete (em aço)	білезік	[bilezik]
bracelete (em couro)	таспа	[taspa]
pilha (f)	батарейка	[batarejka]
acabar (vi)	батарейка отырып қалды	[batarejka otɪrip qaldɪ]
trocar a pilha	батарейканы ауыстыру	[batarejkanɪ awistiru]
estar adiantado	асығу	[asɪɣu]
estar atrasado	кейіндеу	[kejindeu]
relógio (m) de parede	қабырға сағат	[qabɪrɣa saɣat]
ampulheta (f)	құм сағат	[qʊm saɣat]
relógio (m) de sol	күн сағаты	[kʉn saɣatɪ]
despertador (m)	оятар	[ojatar]
relojoeiro (m)	сағатшы	[saɣatʃɪ]
reparar (vt)	жөндеу	[ʒøndeu]

EXPERIÊNCIA DO QUOTIDIANO

41. Dinheiro

dinheiro (m)	ақша	[aqʃa]
câmbio (m)	айырбастау	[ajïrbastau]
taxa (f) de câmbio	курс	[kurs]
caixa (m) eletrônico	банкомат	[bankomat]
moeda (f)	тиын	[tïïn]
dólar (m)	доллар	[dollar]
euro (m)	еуро	[euro]
lira (f)	лира	[lïra]
marco (m)	марка	[marka]
franco (m)	франк	[frank]
libra (f) esterlina	фунт-стерлинг	[funt sterlïng]
iene (m)	йена	[jena]
dívida (f)	қарыз	[qariz]
devedor (m)	қарыздар	[qarizdar]
emprestar (vt)	қарызға беру	[qarizɣa beru]
pedir emprestado	қарызға алу	[qarizɣa alu]
banco (m)	банкі	[banki]
conta (f)	шот	[ʃot]
depositar na conta	шотқа салу	[ʃotqa salu]
sacar (vt)	шоттан шығару	[ʃottan ʃïɣaru]
cartão (m) de crédito	кредиттік карта	[kredïttik karta]
dinheiro (m) vivo	қолма-қол ақша	[qolma qol aqʃa]
cheque (m)	чек	[tʃek]
passar um cheque	чек жазу	[tʃek ʒazu]
talão (m) de cheques	чек кітапшасы	[tʃek kitapʃasï]
carteira (f)	әмиян	[æmïjan]
niqueleira (f)	әмиян	[æmïjan]
cofre (m)	жағдан	[ʒaɣdan]
herdeiro (m)	мұрагер	[murager]
herança (f)	мұра	[mura]
fortuna (riqueza)	дәулет	[dæulet]
arrendamento (m)	жалгерлік	[ʒalgerlik]
aluguel (pagar o ~)	пәтер ақы	[pæter aqï]
alugar (vt)	жалға алу	[ʒalɣa alu]
preço (m)	баға	[baɣa]
custo (m)	баға	[baɣa]
soma (f)	сома	[soma]

gastar (vt)	шығын қылу	[ʃiɣin qilu]
gastos (m pl)	шығындар	[ʃiɣindar]
economizar (vi)	үнемдеу	[ʉnemdeu]
econômico (adj)	үнемді	[ʉnemdi]

pagar (vt)	төлеу	[tøleu]
pagamento (m)	төлем-ақы	[tølem aqi]
troco (m)	қайыру	[qajiru]

imposto (m)	салық	[saliq]
multa (f)	айыппұл	[ajippʊl]
multar (vt)	айып салу	[ajip salu]

42. Correios. Serviço postal

agência (f) dos correios	пошта	[poʃta]
correio (m)	пошта, хат және	[poʃta], [hat ʒæne]
carteiro (m)	пошташы	[poʃtaʃi]
horário (m)	жұмыс сағаттары	[ʒumis saɣattari]

carta (f)	хат	[hat]
carta (f) registada	тапсырыс хат	[tapsiris hat]
cartão (m) postal	ашық хат	[aʃiq hat]
telegrama (m)	жеделхат	[ʒedelhat]
encomenda (f)	сәлемдеме	[sælemdeme]
transferência (f) de dinheiro	ақша аударылымы	[aqʃa audarilimi]

receber (vt)	алу	[alu]
enviar (vt)	жіберу	[ʒiberu]
envio (m)	жөнелту	[ʒøneltu]

endereço (m)	мекен жай	[meken ʒaj]
código (m) postal	индекс	[ındeks]
remetente (m)	жөнелтуші	[ʒøneltuʃi]
destinatário (m)	алушы	[aluʃi]

| nome (m) | ат | [at] |
| sobrenome (m) | фамилия | [famɪlɪja] |

tarifa (f)	тариф	[tarıf]
ordinário (adj)	кәдімгі	[kædimgi]
econômico (adj)	үнемді	[ʉnemdi]

peso (m)	салмақ	[salmaq]
pesar (estabelecer o peso)	өлшеу	[ølʃæu]
envelope (m)	конверт	[konvert]
selo (m) postal	марка	[marka]

43. Banca

| banco (m) | банк | [bank] |
| balcão (f) | бөлімше | [bølimʃæ] |

| consultor (m) bancário | кеңесші | [keɳesʃi] |
| gerente (m) | басқарушы | [basqaruʃi] |

conta (f)	шот	[ʃot]
número (m) da conta	шот нөмірі	[ʃot nømiri]
conta (f) corrente	ағымдағы есепшот	[aɣimdaɣi esepʃot]
conta (f) poupança	жинақтаушы шот	[ʒinaqtauʃi ʃot]

abrir uma conta	шот ашу	[ʃot aʃu]
fechar uma conta	шот жабу	[ʃot ʒabu]
depositar na conta	шотқа салу	[ʃotqa salu]
sacar (vt)	шоттан алу	[ʃottan alu]

depósito (m)	салым	[salim]
fazer um depósito	салым жасау	[salim ʒasau]
transferência (f) bancária	аударылым	[audarilim]
transferir (vt)	аударылым жасау	[audarilim ʒasau]

| soma (f) | сома | [soma] |
| Quanto? | Қанша? | [qanʃa] |

| assinatura (f) | қол таңба | [qol taɳba] |
| assinar (vt) | қол қою | [qol qoju] |

cartão (m) de crédito	кредиттік карта	[kredittik karta]
senha (f)	код	[kod]
número (m) do cartão de crédito	кредиттік картаның нөмірі	[kredittik kartaniɳ nømiri]
caixa (m) eletrônico	банкомат	[bankomat]

cheque (m)	чек	[tʃek]
passar um cheque	чек жазу	[tʃek ʒazu]
talão (m) de cheques	чек кітапшасы	[tʃek kitapʃasi]

empréstimo (m)	несие	[nesie]
pedir um empréstimo	несие жайында өтінішпен бару	[nesie ʒajinda øtiniʃpen baru]
obter empréstimo	несие алу	[nesie alu]
dar um empréstimo	несие беру	[nesie beru]
garantia (f)	кепілдеме	[kepildeme]

44. Telefone. Conversação telefônica

telefone (m)	телефон	[telefon]
celular (m)	ұялы телефон	[ujali telefon]
secretária (f) eletrônica	автожауапшы	[avtoʒawapʃi]

| fazer uma chamada | қоңырау шалу | [qoɳirau ʃalu] |
| chamada (f) | қоңырау | [qoɳirau] |

discar um número	нөмірді теру	[nømirdi teru]
Alô!	Алло!	[allo]
perguntar (vt)	сұрау	[surau]
responder (vt)	жауап беру	[ʒawap beru]

ouvir (vt)	есту	[estu]
bem	жақсы	[ʒaqsɨ]
mal	жаман	[ʒaman]
ruído (m)	бөгеттер	[bøgetter]

fone (m)	трубка	[trubka]
pegar o telefone	трубканы алу	[trubkanɨ alu]
desligar (vi)	трубканы салу	[trubkanɨ salu]

ocupado (adj)	бос емес	[bos emes]
tocar (vi)	шылдырлау	[ʃɨldɨrlau]
lista (f) telefônica	телефон кітабы	[telefon kitabɨ]

local (adj)	жергілікті	[ʒergilikti]
de longa distância	қалааралық	[qalaaralɨq]
internacional (adj)	халықаралық	[halɨqaralɨq]

45. Telefone móvel

celular (m)	ұялы телефон	[ʊjalɨ telefon]
tela (f)	дисплей	[dɨsplej]
botão (m)	түйме	[tʉjme]
cartão SIM (m)	SIM-карта	[sim karta]

bateria (f)	батарея	[batareja]
descarregar-se (vr)	тогынан айырылу	[togɨnan ajɨrɨlu]
carregador (m)	зарядттау құрылғысы	[zarjadttau qurɨɣɨsɨ]

menu (m)	меню	[menju]
configurações (f pl)	қалпына келтіру	[qalpɨna keltiru]
melodia (f)	әуен	[æwen]
escolher (vt)	таңдау	[taŋdau]

calculadora (f)	калькулятор	[kalʲkuljator]
correio (m) de voz	автожауапшы	[avtoʒawapʃɨ]
despertador (m)	оятар	[ojatar]
contatos (m pl)	телефон кітабы	[telefon kitabɨ]

| mensagem (f) de texto | SMS-хабарлама | [ɛsɛmɛs habarlama] |
| assinante (m) | абонент | [abonent] |

46. Estacionário

| caneta (f) | автоқалам | [avtoqalam] |
| caneta (f) tinteiro | қаламұш | [qalamʊʃ] |

lápis (m)	қарындаш	[qarɨndaʃ]
marcador (m) de texto	маркер	[marker]
caneta (f) hidrográfica	фломастер	[flomaster]

| bloco (m) de notas | блокнот | [bloknot] |
| agenda (f) | күнделік | [kʉndelik] |

régua (f)	сызғыш	[sizɣiʃ]
calculadora (f)	калькулятор	[kalʲkuljator]
borracha (f)	өшіргіш	[øʃirgiʃ]
alfinete (m)	жапсырма шеге	[ʒapsirma ʃæge]
clipe (m)	қыстырғыш	[qistirɣiʃ]
cola (f)	желім	[ʒɛlim]
grampeador (m)	степлер	[stepler]
furador (m) de papel	тескіш	[teskiʃ]
apontador (m)	қайрағыш	[qajraɣiʃ]

47. Línguas estrangeiras

língua (f)	тіл	[til]
estrangeiro (adj)	шетелдік	[ʃæteldik]
língua (f) estrangeira	зерттеу	[zertteu]
estudar (vt)	үйрену	[ujrenu]
ler (vt)	оқу	[oqu]
falar (vi)	сөйлеу	[søjleu]
entender (vt)	түсіну	[tusinu]
escrever (vt)	жазу	[ʒazu]
rapidamente	тез	[tez]
devagar, lentamente	баяу	[bajau]
fluentemente	еркін	[erkin]
regras (f pl)	ережелер	[ereʒeler]
gramática (f)	грамматика	[grammatika]
vocabulário (m)	лексика	[leksika]
fonética (f)	фонетика	[fonetika]
livro (m) didático	оқулық	[okuliq]
dicionário (m)	сөздік	[søzdik]
manual (m) autodidático	өздігінен үйреткіш	[øzdiginen ujretkiʃ]
guia (m) de conversação	тілашар	[tilaʃar]
fita (f) cassete	кассета	[kasseta]
videoteipe (m)	бейнетаспа	[bejnetaspa]
CD (m)	CD, компакт-дискі	[si di], [kompakt diski]
DVD (m)	DVD	[dividi]
alfabeto (m)	алфавит	[alfavit]
soletrar (vt)	әріптер бойынша айту	[æripter bojinʃa ajtu]
pronúncia (f)	айтылыс	[ajtilis]
sotaque (m)	акцент	[aktsent]
com sotaque	акцентпен	[aktsentpen]
sem sotaque	акцентсіз	[aktsentsiz]
palavra (f)	сөз	[søz]
sentido (m)	мағына	[maɣina]
curso (m)	курстар	[kurstar]
inscrever-se (vr)	жазылу	[ʒazilu]

professor (m)	оқытушы	[oqituʃɨ]
tradução (processo)	аудару	[audaru]
tradução (texto)	аударма	[audarma]
tradutor (m)	аударушы	[audaruʃɨ]
intérprete (m)	аударушы	[audaruʃɨ]
poliglota (m)	көп тіл білгіш	[køp til bilgiʃ]
memória (f)	ес	[es]

REFEIÇÕES. RESTAURANTE

48. Por a mesa

colher (f)	қасық	[qasiq]
faca (f)	пышақ	[piʃaq]
garfo (m)	шанышқы	[ʃaniʃqi]
xícara (f)	шыныаяқ	[ʃiniajaq]
prato (m)	тәрелке	[tærelke]
pires (m)	табақша	[tabaqʃa]
guardanapo (m)	майлық	[majliq]
palito (m)	тіс тазартқыш	[tis tazartqiʃ]

49. Restaurante

restaurante (m)	мейрамхана	[mejramhana]
cafeteria (f)	кофехана	[kofehana]
bar (m), cervejaria (f)	бар	[bar]
salão (m) de chá	шайхана	[ʃajhana]
garçom (m)	даяшы	[dajaʃi]
garçonete (f)	даяшы	[dajaʃi]
barman (m)	бармен	[barmen]
cardápio (m)	мәзір	[mæzir]
lista (f) de vinhos	шарап картасы	[ʃarap kartasi]
reservar uma mesa	бронды үстел	[brondi ustel]
prato (m)	тамақ	[tamaq]
pedir (vt)	тапсырыс беру	[tapsiris beru]
fazer o pedido	тапсырыс жасау	[tapsiris ʒasau]
aperitivo (m)	аперитив	[aperitiv]
entrada (f)	дәмтатым	[dæmtatim]
sobremesa (f)	десерт	[desert]
conta (f)	есеп	[esep]
pagar a conta	есеп бойынша төлеу	[esep bojinʃa tøleu]
dar o troco	төленгеннің артығын беру	[tølengeniŋ artiɣin beru]
gorjeta (f)	шайлық	[ʃajliq]

50. Refeições

comida (f)	тамақ	[tamaq]
comer (vt)	жеу	[ʒeu]

café (m) da manhã	ертеңгілік тамақ	[erteŋgilik tamaq]
tomar café da manhã	ертеңгі тамақты ішу	[erteŋgi tamaqtɨ iʃu]
almoço (m)	түскі тамақ	[tʉski tamaq]
almoçar (vi)	түскі тамақ жеу	[tʉski tamaq ʒeu]
jantar (m)	кешкі тамақ	[keʃki tamaq]
jantar (vi)	кешкі тамақ ішу	[keʃki tamaq iʃu]
apetite (m)	тәбет	[tæbet]
Bom apetite!	Ас болсын!	[as bolsɨn]
abrir (~ uma lata, etc.)	аш	[aʃ]
derramar (~ líquido)	төгу	[tøgu]
derramar-se (vr)	төгілу	[tøgilu]
ferver (vi)	қайнау	[qajnau]
ferver (vt)	қайнату	[qajnatu]
fervido (adj)	қайнатылған	[qajnatɨlɣan]
esfriar (vt)	салқындату	[salqɨndatu]
esfriar-se (vr)	салқындау	[salqɨndau]
sabor, gosto (m)	талғам	[talɣam]
fim (m) de boca	татым	[tatɨm]
emagrecer (vi)	арықтау	[arɨqtau]
dieta (f)	диета	[dɪeta]
vitamina (f)	дәрумен	[dærumen]
caloria (f)	калория	[kalorɪja]
vegetariano (m)	вегетариан	[vegetarɪan]
vegetariano (adj)	вегетариандық	[vegetarɪandɪq]
gorduras (f pl)	майлар	[majlar]
proteínas (f pl)	ақуыз	[aquɨz]
carboidratos (m pl)	көміртегі	[kømirtegi]
fatia (~ de limão, etc.)	тілім	[tilim]
pedaço (~ de bolo)	кесек	[kesek]
migalha (f), farelo (m)	үзім	[ʉzim]

51. Pratos cozinhados

prato (m)	тағам	[taɣam]
cozinha (~ portuguesa)	ұлттық тағамдар	[ʊlttɨq taɣamdar]
receita (f)	рецепт	[retsept]
porção (f)	мөлшер	[mølʃær]
salada (f)	салат	[salat]
sopa (f)	көже	[køʒe]
caldo (m)	сорпа	[sorpa]
sanduíche (m)	бутерброд	[buterbrod]
ovos (m pl) fritos	қуырылған жұмыртқа	[quirɨlɣan ʒʊmɨrtqa]
hambúrguer (m)	гамбургер	[gamburger]
bife (m)	бифштекс	[bɪfʃteks]
acompanhamento (m)	гарнир	[garnɨr]

espaguete (m)	спагетти	[spagettɪ]
purê (m) de batata	картоп езбесі	[kartop ezbesi]
pizza (f)	пицца	[pɪtsa]
mingau (m)	ботқа	[botqa]
omelete (f)	омлет	[omlet]
fervido (adj)	пісірілген	[pisirilgen]
defumado (adj)	ысталған	[istalɣan]
frito (adj)	қуырылған	[quɨrɨlɣan]
seco (adj)	кептірілген	[keptirilgen]
congelado (adj)	мұздатылған	[mʊzdatɨlɣan]
em conserva (adj)	маринадталған	[marınadtalɣan]
doce (adj)	тәтті	[tætti]
salgado (adj)	тұзды	[tʊzdɨ]
frio (adj)	суық	[suɨq]
quente (adj)	ыстық	[ɨstiq]
amargo (adj)	ащы	[aɕɨ]
gostoso (adj)	дәмді	[dæmdi]
cozinhar em água fervente	пісіру	[pisiru]
preparar (vt)	әзірлеу	[æzirleu]
fritar (vt)	қуыру	[quɨru]
aquecer (vt)	ысыту	[ɨsɨtu]
salgar (vt)	тұздау	[tʊzdau]
apimentar (vt)	бұрыш салу	[burɪʃ salu]
ralar (vt)	үйкеу	[ʉjkeu]
casca (f)	қабық	[qabɨq]
descascar (vt)	аршу	[arʃu]

52. Comida

carne (f)	ет	[et]
galinha (f)	тауық	[tawɨq]
frango (m)	балапан	[balapan]
pato (m)	үйрек	[ʉjrek]
ganso (m)	қаз	[qaz]
caça (f)	құс	[qʊs]
peru (m)	түйетауық	[tʉjetawɨq]
carne (f) de porco	шошқа еті	[ʃoʃqa eti]
carne (f) de vitela	бұзау еті	[buzau eti]
carne (f) de carneiro	қой еті	[qoj eti]
carne (f) de vaca	сиыр еті	[sɨir eti]
carne (f) de coelho	қоян еті	[qojan eti]
linguiça (f), salsichão (m)	шұжық	[ʃʊʒɨq]
salsicha (f)	сосиска	[sosɪska]
bacon (m)	бекон	[bekon]
presunto (m)	ветчина	[vetʃɪna]
pernil (m) de porco	сан ет	[san et]
patê (m)	бұқтырлған ет	[bʊqtɨrlɣan et]
fígado (m)	бауыр	[bawɨr]

guisado (m)	турама	[turama]
língua (f)	тіл	[til]

ovo (m)	жұмыртқа	[ʒumirtqa]
ovos (m pl)	жұмыртқалар	[ʒumirtqalar]
clara (f) de ovo	ақуыз	[aquiz]
gema (f) de ovo	сарыуыз	[sariwiz]

peixe (m)	балық	[baliq]
mariscos (m pl)	теңіз азығы	[teŋiz aziɣi]
crustáceos (m pl)	шаян тәрізділер	[ʃajan tærizdiler]
caviar (m)	уылдырық	[wildiriq]

caranguejo (m)	таңқышаян	[taŋqiʃajan]
camarão (m)	асшаян	[asʃajan]
ostra (f)	устрица	[ustriʦa]
lagosta (f)	лангуст	[langust]
polvo (m)	сегізаяқ	[segizajaq]
lula (f)	кальмар	[kalʲmar]

esturjão (m)	бекіре еті	[bekire eti]
salmão (m)	арқан балық	[arqan baliq]
halibute (m)	палтус	[paltus]

bacalhau (m)	нәлім	[nælim]
cavala, sarda (f)	скумбрия	[skumbrija]
atum (m)	тунец	[tuneʦ]
enguia (f)	жыланбалық	[ʒilanbaliq]

truta (f)	бахтах	[bahtah]
sardinha (f)	сардина	[sardina]
lúcio (m)	шортан	[ʃortan]
arenque (m)	майшабақ	[majʃabaq]

pão (m)	нан	[nan]
queijo (m)	ірімшік	[irimʃik]
açúcar (m)	қант	[qant]
sal (m)	тұз	[tuz]

arroz (m)	күріш	[kuriʃ]
massas (f pl)	түтік кеспе	[tutik kespe]
talharim, miojo (m)	кеспе	[kespe]

manteiga (f)	сарымай	[sarimaj]
óleo (m) vegetal	өсімдік майы	[øsimdik maji]
óleo (m) de girassol	күнбағыс майы	[kunbaɣis maji]
margarina (f)	маргарин	[margarin]

azeitonas (f pl)	зәйтүн	[zæjtun]
azeite (m)	зәйтүн майы	[zæjtun maji]

leite (m)	сүт	[sut]
leite (m) condensado	қоюлатқан сүт	[qojulatqan sut]
iogurte (m)	йогурт	[jogurt]
creme (m) azedo	қаймақ	[qajmaq]
creme (m) de leite	кілегей	[kilegej]

| maionese (f) | майонез | [majonez] |
| creme (m) | крем | [krem] |

grãos (m pl) de cereais	жарма	[ʒarma]
farinha (f)	ұн	[un]
enlatados (m pl)	консервілер	[konserviler]

flocos (m pl) de milho	жүгері жапалақтары	[ʒügeri ʒapalaqtari]
mel (m)	бал	[bal]
geleia (m)	джем	[dʒem]
chiclete (m)	сағыз	[saɣɨz]

53. Bebidas

água (f)	су	[su]
água (f) potável	ішетін су	[iʃætin su]
água (f) mineral	минералды су	[mıneraldɨ su]

sem gás (adj)	газсыз	[gazsɨz]
gaseificada (adj)	газдалған	[gazdalɣan]
com gás	газдалған	[gazdalɣan]
gelo (m)	мұз	[muz]
com gelo	мұзбен	[muzben]

não alcoólico (adj)	алкогольсыз	[alkogolʲsiz]
refrigerante (m)	алкогольсыз сусын	[alkogolʲsiz susɨn]
refresco (m)	салқындататын сусын	[salqɨndatatɨn susɨn]
limonada (f)	лимонад	[lımonad]

bebidas (f pl) alcoólicas	алкогольды ішімдіктер	[alkogolʲdɨ iʃimdikter]
vinho (m)	шарап	[ʃarap]
vinho (m) branco	ақшарап	[aqʃarap]
vinho (m) tinto	қызыл шарап	[qɨzɨl ʃarap]

licor (m)	ликер	[lıker]
champanhe (m)	аққайнар	[aqqajnar]
vermute (m)	вермут	[vermut]

uísque (m)	виски	[vɨskı]
vodca (f)	арақ	[araq]
gim (m)	жын	[ʒɨn]
conhaque (m)	коньяк	[konʲak]
rum (m)	ром	[rom]

café (m)	кофе	[kofe]
café (m) preto	қара кофе	[qara kofe]
café (m) com leite	кофе сүтпен	[kofe sutpen]
cappuccino (m)	кофе кілегеймен	[kofe kilegejmen]
café (m) solúvel	ерігіш кофе	[erigiʃ kofe]

leite (m)	сүт	[sut]
coquetel (m)	коктейль	[koktejlʲ]
batida (f), milkshake (m)	сүт коктейлі	[sut koktejli]
suco (m)	шырын	[ʃɨrɨn]

suco (m) de tomate	қызанақ шырыны	[qizanaq ʃirini]
suco (m) de laranja	апельсин шырыны	[apelʲsɪn ʃirini]
suco (m) fresco	жаңа сығылған шырын	[ʒaŋa siɣilɣan ʃirin]
cerveja (f)	сыра	[sira]
cerveja (f) clara	ақшыл сыра	[aqʃil sira]
cerveja (f) preta	қараңғы сырасы	[qaraŋɣi sirasi]
chá (m)	шай	[ʃaj]
chá (m) preto	қара шай	[qara ʃaj]
chá (m) verde	көк шай	[køk ʃaj]

54. Vegetais

vegetais (m pl)	көкөністер	[køkønister]
verdura (f)	көкөніс	[køkønis]
tomate (m)	қызанақ	[qizanaq]
pepino (m)	қияр	[qɪjar]
cenoura (f)	сәбіз	[sæbiz]
batata (f)	картоп	[kartop]
cebola (f)	пияз	[pɪjaz]
alho (m)	сарымсақ	[sarimsaq]
couve (f)	қырыққабат	[qiriqqabat]
couve-flor (f)	түсті орамжапырақ	[tʊsti oramʒapiraq]
couve-de-bruxelas (f)	брюсель орамжапырағы	[brjuselʲ oramʒapiraɣi]
brócolis (m pl)	брокколи орамжапырағы	[brokkolɪ oramʒapiraɣi]
beterraba (f)	қызылша	[qizilʃa]
berinjela (f)	кәди	[kædi]
abobrinha (f)	кәдіш	[kædiʃ]
abóbora (f)	асқабақ	[asqabaq]
nabo (m)	шалқан	[ʃalqan]
salsa (f)	ақжелкен	[aqʒelken]
endro, aneto (m)	аскөк	[askøk]
alface (f)	салат	[salat]
aipo (m)	балдыркөк	[baldirkøk]
aspargo (m)	ақтық	[aqtiq]
espinafre (m)	саумалдық	[saumaldɪq]
ervilha (f)	ноқат	[noqat]
feijão (~ soja, etc.)	ірі бұршақтар	[iri bʊrʃaqtar]
milho (m)	жүгері	[ʒʊgeri]
feijão (m) roxo	үрме бұршақ	[ʊrme bʊrʃaq]
pimentão (m)	бұрыш	[bʊriʃ]
rabanete (m)	шалғам	[ʃalɣam]
alcachofra (f)	бөрікгүл	[børikgʉl]

55. Frutos. Nozes

fruta (f)	жеміс	[ʒemis]
maçã (f)	алма	[alma]
pera (f)	алмұрт	[almʊrt]
limão (m)	лимон	[lımon]
laranja (f)	апельсин	[apelʲsın]
morango (m)	құлпынай	[qʊlpinaj]
tangerina (f)	мандарин	[mandarın]
ameixa (f)	алхоры	[alhorɨ]
pêssego (m)	шабдалы	[ʃabdalɨ]
damasco (m)	өрік	[ørik]
framboesa (f)	таңқурай	[taŋquraj]
abacaxi (m)	ананас	[ananas]
banana (f)	банан	[banan]
melancia (f)	қарбыз	[qarbɨz]
uva (f)	жүзім	[ʒʉzim]
ginja (f)	кәдімгі шие	[kædımgı ʃie]
cereja (f)	қызыл шие	[qɨzɨl ʃie]
melão (m)	қауын	[qawɨn]
toranja (f)	грейпфрут	[grejpfrut]
abacate (m)	авокадо	[avokado]
mamão (m)	папайя	[papaja]
manga (f)	манго	[mango]
romã (f)	анар	[anar]
groselha (f) vermelha	қызыл қарақат	[qɨzɨl qaraqat]
groselha (f) negra	қара қарақат	[qara qaraqat]
groselha (f) espinhosa	қарлыған	[qarlɨɣan]
mirtilo (m)	қара жидек	[qara ʒɨdek]
amora (f) silvestre	қожақат	[qoʒaqat]
passa (f)	мейіз	[mejiz]
figo (m)	інжір	[inʒir]
tâmara (f)	құрма	[qʊrma]
amendoim (m)	жержаңғақ	[ʒerʒaŋɣaq]
amêndoa (f)	бадам	[badam]
noz (f)	жаңғақ	[ʒaŋɣaq]
avelã (f)	ағаш жаңғағы	[aɣaʃ ʒaŋɣaɣɨ]
coco (m)	кокос жаңғақ	[kokos ʒaŋɣaq]
pistaches (m pl)	пісте	[piste]

56. Pão. Bolaria

pastelaria (f)	кондитер бұйымдары	[kondıter bʊjimdarɨ]
pão (m)	нан	[nan]
biscoito (m), bolacha (f)	печенье	[petʃenʲe]
chocolate (m)	шоколад	[ʃokolad]
de chocolate	шоколад	[ʃokolad]

bala (f)	кәмпит	[kæmpııt]
doce (bolo pequeno)	тәтті тоқаш	[tætti toqaʃ]
bolo (m) de aniversário	торт	[tort]

| torta (f) | бәліш | [bæliʃ] |
| recheio (m) | салынды | [salindi] |

geleia (m)	қайнатпа	[qajnatpa]
marmelada (f)	мармелад	[marmelad]
wafers (m pl)	вафли	[vaflı]
sorvete (m)	балмұздақ	[balmʊzdaq]
pudim (m)	пудинг	[pudıng]

57. Especiarias

sal (m)	тұз	[tʊz]
salgado (adj)	тұзды	[tʊzdi]
salgar (vt)	тұздау	[tʊzdau]

pimenta-do-reino (f)	қара бұрыш	[qara bʊriʃ]
pimenta (f) vermelha	қызыл бұрыш	[qizil bʊriʃ]
mostarda (f)	қыша	[qiʃa]
raiz-forte (f)	түбіртамыр	[tʉbirtamir]

condimento (m)	дәмдеуіш	[dæmdewiʃ]
especiaria (f)	дәмдеуіш	[dæmdewiʃ]
molho (~ inglês)	тұздық	[tʊzdiq]
vinagre (m)	сірке суы	[sirke sui]

anis estrelado (m)	анис	[anıs]
manjericão (m)	насыбайгүл	[nasibajgʉl]
cravo (m)	қалампырғұл	[qalampirgʉl]
gengibre (m)	имбирь	[ımbırʲ]
coentro (m)	кориандр	[koriandr]
canela (f)	даршын	[darʃin]

gergelim (m)	күнжіт	[kʉnʒit]
folha (f) de louro	лавр жапырағы	[lavr ʒapirayi]
páprica (f)	паприка	[paprika]
cominho (m)	зире	[zire]
açafrão (m)	бәйшешек	[bæjʃeʃek]

INFORMAÇÃO PESSOAL. FAMÍLIA

58. Informação pessoal. Formulários

nome (m)	есім	[esim]
sobrenome (m)	тек	[tek]
data (f) de nascimento	туған күні	[tuɣan kʉni]
local (m) de nascimento	туған жері	[tuɣan ʒeri]
nacionalidade (f)	ұлт	[ʊlt]
lugar (m) de residência	тұратын мекені	[tʊratin mekeni]
país (m)	ел	[el]
profissão (f)	мамандық	[mamandiq]
sexo (m)	жыныс	[ʒɨnis]
estatura (f)	бой	[boj]
peso (m)	салмақ	[salmaq]

59. Membros da família. Parentes

mãe (f)	ана	[ana]
pai (m)	әке	[æke]
filho (m)	ұл	[ʊl]
filha (f)	қыз	[qɨz]
caçula (f)	кіші қыз	[kiʃi qɨz]
caçula (m)	кіші ұл	[kiʃi ʊl]
filha (f) mais velha	үлкен қыз	[ʉlken qɨz]
filho (m) mais velho	үлкен ұл	[ʉlken ʊl]
irmão (m)	бауыр	[bawir]
irmão (m) mais velho	аға	[aɣa]
irmão (m) mais novo	іні	[ini]
irmã (f)	қарындас	[qarindas]
irmã (f) mais velha	апа	[apa]
irmã (f) mais nova	сіңлі	[siŋli]
primo (m)	немере аға	[nemere aɣa]
prima (f)	немере әпке	[nemere æpke]
mamãe (f)	апа	[apa]
papai (m)	әке	[æke]
pais (pl)	әке-шеше	[ækeʃeʃe]
criança (f)	бала	[bala]
crianças (f pl)	балалар	[balalar]
avó (f)	әже	[æʒe]
avô (m)	ата	[ata]
neto (m)	немере, жиен	[nemere], [ʒɪen]

neta (f)	немере қыз, жиен қыз	[nemere qiz], [ʒien qiz]
netos (pl)	немерелер	[nemereler]
tio (m)	аға	[aɣa]
tia (f)	тәте	[tæte]
sobrinho (m)	жиен, ини	[ʒien], [ını]
sobrinha (f)	жиен	[ʒien]
sogra (f)	ене	[ene]
sogro (m)	қайын ата	[qajin ata]
genro (m)	жездей	[ʒezdej]
madrasta (f)	өгей ана	[øgej ana]
padrasto (m)	өгей әке	[øgej æke]
criança (f) de colo	емшек баласы	[emʃæk balasi]
bebê (m)	бөбек	[bøbek]
menino (m)	бөбек	[bøbek]
mulher (f)	әйел	[æjel]
marido (m)	еркек	[erkek]
esposo (m)	күйеу	[kɥjeu]
esposa (f)	әйел	[æjel]
casado (adj)	үйленген	[ɥjlengen]
casada (adj)	күйеуге шыққан	[kɥjeuge ʃiqqan]
solteiro (adj)	бойдақ	[bojdaq]
solteirão (m)	бойдақ	[bojdaq]
divorciado (adj)	ажырасқан	[aʒirasqan]
viúva (f)	жесір әйел	[ʒesir æjel]
viúvo (m)	тұл ер адам	[tul er adam]
parente (m)	туысқан	[tuisqan]
parente (m) próximo	жақын туысқан	[ʒaqin tuisqan]
parente (m) distante	алыс ағайын	[alis aɣajin]
parentes (m pl)	туған-туысқандар	[tuɣan-tuisqandar]
órfão (m), órfã (f)	жетім бала	[ʒetim bala]
tutor (m)	қамқоршы	[qamqorʃi]
adotar (um filho)	бала қылып алу	[bala qilip alu]
adotar (uma filha)	қыз етіп асырап алу	[qiz etip asirap alu]

60. Amigos. Colegas de trabalho

amigo (m)	дос	[dos]
amiga (f)	құрбы	[qurbi]
amizade (f)	достық	[dostiq]
ser amigos	достасу	[dostasu]
amigo (m)	дос	[dos]
amiga (f)	құрбы	[qurbi]
parceiro (m)	серіктес	[seriktes]
chefe (m)	бастық	[bastiq]
superior (m)	бастық	[bastiq]

subordinado (m)	**бағынышты адам**	[baɣiniʃti adam]
colega (m, f)	**еңбектес**	[eŋbektes]
conhecido (m)	**таныс**	[tanis]
companheiro (m) de viagem	**жолсерік**	[ʒolserik]
colega (m) de classe	**сыныптас**	[siniptas]
vizinho (m)	**көрші**	[kørʃi]
vizinha (f)	**көрші**	[kørʃi]
vizinhos (pl)	**көршілер**	[kørʃi ler]

CORPO HUMANO. MEDICINA

61. Cabeça

cabeça (f)	бас	[bas]
rosto, cara (f)	бет	[bet]
nariz (m)	мұрын	[mʊrin]
boca (f)	ауыз	[awɨz]
olho (m)	көз	[køz]
olhos (m pl)	көз	[køz]
pupila (f)	қарашық	[qaraʃiq]
sobrancelha (f)	қас	[qas]
cílio (f)	кірпік	[kirpik]
pálpebra (f)	қабақ	[qabaq]
língua (f)	тіл	[til]
dente (m)	тіс	[tis]
lábios (m pl)	ерін	[erin]
maçãs (f pl) do rosto	бет сүегі	[bet sʉegi]
gengiva (f)	қызыл иек	[qɨzɨl ɪek]
palato (m)	таңдай	[taŋdaj]
narinas (f pl)	танауы	[tanawɨ]
queixo (m)	иек	[ɪek]
mandíbula (f)	жақ	[ʒaq]
bochecha (f)	ұрт	[ʊrt]
testa (f)	маңдай	[maŋdaj]
têmpora (f)	самай	[samaj]
orelha (f)	құлақ	[qʊlaq]
costas (f pl) da cabeça	желке	[ʒelke]
pescoço (m)	мойын	[mojin]
garganta (f)	тамақ	[tamaq]
cabelo (m)	шаш	[ʃaʃ]
penteado (m)	сәнденген шаш	[sændengen ʃaʃ]
corte (m) de cabelo	сәндеп қиылған шаш	[sændep qɨɨlɣan ʃaʃ]
peruca (f)	жасанды шаш	[ʒasandɨ ʃaʃ]
bigode (m)	мұрт	[mʊrt]
barba (f)	сақал	[saqal]
ter (~ barba, etc.)	өсіру	[øsiru]
trança (f)	бұрым	[bʊrim]
suíças (f pl)	жақ сақал	[ʒaq saqal]
ruivo (adj)	жирен	[ʒɨren]
grisalho (adj)	ақ шашты	[aq ʃaʃti]
careca (adj)	тақыр	[taqir]
calva (f)	бастың қасқасы	[bastiŋ qasqasɨ]

| rabo-de-cavalo (m) | қуйыршық | [qujirʃiq] |
| franja (f) | кекіл | [kekil] |

62. Corpo humano

| mão (f) | шашақ | [ʃaʃaq] |
| braço (m) | қол | [qol] |

dedo (m)	саусақ	[sausaq]
polegar (m)	бас бармақ	[bas barmaq]
dedo (m) mindinho	шынашақ	[ʃinaʃaq]
unha (f)	тырнақ	[tirnaq]

punho (m)	жұдырық	[ʒʊdɨriq]
palma (f)	алақан	[alaqan]
pulso (m)	білезік сүйектері	[bilezik sʉjekteri]
antebraço (m)	білек сүйектері	[bilek sʉjekteri]
cotovelo (m)	шынтақ	[ʃintaq]
ombro (m)	иық	[ɪiq]

perna (f)	аяқ	[ajaq]
pé (m)	табан	[taban]
joelho (m)	тізе	[tize]
panturrilha (f)	балтыр	[baltir]
quadril (m)	жая	[ʒaja]
calcanhar (m)	тақа	[taqa]

corpo (m)	дене	[dene]
barriga (f), ventre (m)	қарын	[qarin]
peito (m)	кеуде	[keude]
seio (m)	емшек	[emʃæk]
lado (m)	бүйір	[bʉjir]
costas (dorso)	арқа	[arqa]
região (f) lombar	белдеме	[beldeme]
cintura (f)	бел	[bel]

umbigo (m)	кіндік	[kindik]
nádegas (f pl)	бөксе	[bøkse]
traseiro (m)	бөксе	[bøkse]

sinal (m), pinta (f)	қал	[qal]
tatuagem (f)	татуировка	[tatuɪrovka]
cicatriz (f)	тыртық	[tirtiq]

63. Doenças

doença (f)	науқас	[nauqas]
estar doente	науқастану	[nauqastanu]
saúde (f)	денсаулық	[densauliq]

| nariz (m) escorrendo | тұмау | [tʊmau] |
| amigdalite (f) | ангина | [angɪna] |

resfriado (m)	суық тию	[suiq tıju]
ficar resfriado	суық тигізіп алу	[suiq tıgizip alu]
bronquite (f)	бронхит	[bronhıt]
pneumonia (f)	өкпенің талаурауы	[økpenin talaurawi]
gripe (f)	тұмау	[tʊmau]
míope (adj)	алыстан көрмейтін	[alistan kørmejtin]
presbita (adj)	алыс көргіш	[alis kørgiʃ]
estrabismo (m)	шапыраш	[ʃapiraʃ]
estrábico, vesgo (adj)	шапыраш	[ʃapiraʃ]
catarata (f)	шел	[ʃæl]
glaucoma (m)	глаукома	[glaukoma]
AVC (m), apoplexia (f)	инсульт	[ınsulʲt]
ataque (m) cardíaco	инфаркт	[ınfarkt]
enfarte (m) do miocárdio	миокард инфарктісі	[mıokard ınfarktisi]
paralisia (f)	сал	[sal]
paralisar (vt)	сал болу	[sal bolu]
alergia (f)	аллергия	[allergıja]
asma (f)	демікпе	[demikpe]
diabetes (f)	диабет	[dıabet]
dor (f) de dente	тіс ауруы	[tis aurui]
cárie (f)	тістотық	[tistotiq]
diarreia (f)	іш ауру	[iʃ auru]
prisão (f) de ventre	іш қату	[iʃ qatu]
desarranjo (m) intestinal	асқазанның бұзылуы	[asqazanin buzilui]
intoxicação (f) alimentar	улану	[ulanu]
intoxicar-se	улану	[ulanu]
artrite (f)	шорбуын	[ʃorbuin]
raquitismo (m)	итауру	[ıtauru]
reumatismo (m)	ревматизм	[revmatızm]
arteriosclerose (f)	умытшақтық	[umitʃaqtiq]
gastrite (f)	гастрит	[gastrıt]
apendicite (f)	аппендицит	[appendıtsıt]
colecistite (f)	өт қабының қабынуы	[øt qabinin qabinui]
úlcera (f)	ойық жара	[ojiq ʒara]
sarampo (m)	қызылша	[qizilʃa]
rubéola (f)	қызамық	[qizamiq]
icterícia (f)	сарылық	[sariliq]
hepatite (f)	бауыр қабынуы	[bawir qabinui]
esquizofrenia (f)	шизофрения	[ʃizofrenıja]
raiva (f)	құтырғандық	[qutirɣandiq]
neurose (f)	невроз	[nevroz]
contusão (f) cerebral	ми шақалауы	[mı ʃaqalawi]
câncer (m)	бейдауа	[bejdawa]
esclerose (f)	склероз	[skleroz]
esclerose (f) múltipla	ұмытшақ склероз	[umitʃaq skleroz]

alcoolismo (m)	маскүнемдік	[maskunemdik]
alcoólico (m)	маскүнем	[maskunem]
sífilis (f)	сифилис	[sıfılıs]
AIDS (f)	ЖИТС	[ʒıts]

tumor (m)	ісік	[isik]
febre (f)	безгек	[bezgek]
malária (f)	ұшық	[uʃiq]
gangrena (f)	гангрена	[gangrena]
enjoo (m)	теңіз ауруы	[teniz aurui]
epilepsia (f)	қояншық	[qojanʃiq]

epidemia (f)	жаппай ауру	[ʒappaj auru]
tifo (m)	кезік	[kezik]
tuberculose (f)	жегі	[ʒegi]
cólera (f)	тырысқақ	[tirisqaq]
peste (f) bubônica	мәлік	[mælik]

64. Sintomas. Tratamentos. Parte 1

sintoma (m)	белгі	[belgi]
temperatura (f)	дене қызымы	[dene qizimi]
febre (f)	ыстығы көтерілу	[istiɣi koterilu]
pulso (m)	тамыр соғуы	[tamir soɣui]

vertigem (f)	бас айналу	[bas ajnalu]
quente (testa, etc.)	ыстық	[istiq]
calafrio (m)	қалтырау	[qaltirau]
pálido (adj)	әнсіз	[øŋsiz]

tosse (f)	жөтел	[ʒøtel]
tossir (vi)	жөтелу	[ʒøtelu]
espirrar (vi)	түшкіру	[tuʃkiru]
desmaio (m)	талу	[talu]
desmaiar (vi)	талып қалу	[talip qalu]

mancha (f) preta	көгелген ет	[kogelgen et]
galo (m)	томпақ	[tompaq]
machucar-se (vr)	ұрыну	[urinu]
contusão (f)	жарақат	[ʒaraqat]
machucar-se (vr)	зақымдану	[zaqimdanu]

mancar (vi)	ақсаңдау	[aqsaŋdau]
deslocamento (f)	буынын шығару	[buinin ʃiɣaru]
deslocar (vt)	шығып кету	[ʃiɣip ketu]
fratura (f)	сыну	[sinu]
fraturar (vt)	сындырып алу	[sindirip alu]

corte (m)	жара	[ʒara]
cortar-se (vr)	кесу	[kesu]
hemorragia (f)	қан кету	[qan ketu]

| queimadura (f) | күйген жер | [kujgen ʒer] |
| queimar-se (vr) | күю | [kuju] |

picar (vt)	шаншу	[ʃanʃu]
picar-se (vr)	шаншылу	[ʃanʃilu]
lesionar (vt)	зақымдау	[zaqɨmdau]
lesão (m)	зақым	[zaqɨm]
ferida (f), ferimento (m)	жарақат	[ʒaraqat]
trauma (m)	жарақат	[ʒaraqat]

delirar (vi)	еліру	[eliru]
gaguejar (vi)	тұтығу	[tʊtɨɣu]
insolação (f)	басынан күн өту	[basɨnan kʉn øtu]

65. Sintomas. Tratamentos. Parte 2

dor (f)	ауру	[auru]
farpa (no dedo, etc.)	тікен	[tiken]

suor (m)	тер	[ter]
suar (vi)	терлеу	[terleu]
vômito (m)	құсық	[qʊsɨq]
convulsões (f pl)	түйілу	[tʉjilu]

grávida (adj)	жүкті	[ʒʉkti]
nascer (vi)	туу	[tuu]
parto (m)	босану	[bosanu]
dar à luz	босану	[bosanu]
aborto (m)	түсік	[tʉsik]

respiração (f)	дем	[dem]
inspiração (f)	дем тарту	[dem tartu]
expiração (f)	дем шығару	[dem ʃɨɣaru]
expirar (vi)	дем шығару	[dem ʃɨɣaru]
inspirar (vi)	дем тарту	[dem tartu]
inválido (m)	мүгедек	[mʉgedek]
aleijado (m)	мүгедек	[mʉgedek]
drogado (m)	нашақор	[naʃaqor]

surdo (adj)	саңырау	[saŋɨrau]
mudo (adj)	мылқау	[mɨlqau]
surdo-mudo (adj)	керең-мылқау	[kereŋ mɨlqau]

louco, insano (adj)	есуас	[esuas]
louco (m)	жынды	[ʒɨndɨ]
louca (f)	жынды	[ʒɨndɨ]
ficar louco	ақылдан айрылу	[aqɨldan ajrɨlu]

gene (m)	ген	[gen]
imunidade (f)	иммунитет	[immunɨtet]
hereditário (adj)	мұралық	[mʊralɨq]
congênito (adj)	туа біткен ауру	[tua bitken auru]

vírus (m)	вирус	[vɨrus]
micróbio (m)	микроб	[mɨkrob]
bactéria (f)	бактерия	[bakterɨja]
infecção (f)	індет	[indet]

66. Sintomas. Tratamentos. Parte 3

hospital (m)	емхана	[emhana]
paciente (m)	емделуші	[emdeluʃi]
diagnóstico (m)	диагноз	[dıagnoz]
cura (f)	емдеу	[emdeu]
tratamento (m) médico	емдеу	[emdeu]
curar-se (vr)	емделу	[emdelu]
tratar (vt)	емдеу	[emdeu]
cuidar (pessoa)	бағып-қағу	[baɣɨp qaɣu]
cuidado (m)	бағып-қағу	[baɣɨp qaɣu]
operação (f)	операция	[operatsɨja]
enfaixar (vt)	матау	[matau]
enfaixamento (m)	таңу	[taŋu]
vacinação (f)	екпе	[ekpe]
vacinar (vt)	егу	[egu]
injeção (f)	шаншу	[ʃanʃu]
dar uma injeção	шаншу	[ʃanʃu]
amputação (f)	ампутация	[amputatsɨja]
amputar (vt)	ампутациялау	[amputatsɨjalau]
coma (f)	кома	[koma]
estar em coma	комада болу	[komada bolu]
reanimação (f)	реанимация	[reanɨmatsɨja]
recuperar-se (vr)	жазыла бастау	[ʒazɨla bastau]
estado (~ de saúde)	хал	[hal]
consciência (perder a ~)	ақыл-ой	[aqɨl oj]
memória (f)	ес	[es]
tirar (vt)	жұлу	[ʒulu]
obturação (f)	пломба	[plomba]
obturar (vt)	пломба салу	[plomba salu]
hipnose (f)	гипноз	[gıpnoz]
hipnotizar (vt)	гипноздау	[gıpnozdau]

67. Medicina. Drogas. Acessórios

medicamento (m)	дәрі	[dæri]
remédio (m)	дауа	[dawa]
receitar (vt)	дәрі жазып беру	[dæri ʒazɨp beru]
receita (f)	рецепт	[retsept]
comprimido (m)	дәрі	[dæri]
unguento (m)	май	[maj]
ampola (f)	ампула	[ampula]
solução, preparado (m)	микстура	[mıkstura]
xarope (m)	шәрбат	[ʃærbat]
cápsula (f)	домалақ дәрі	[domalaq dæri]

pó (m)	ұнтақ	[ʊntaq]
atadura (f)	бинт	[bɪnt]
algodão (m)	мақта	[maqta]
iodo (m)	йод	[jod]
curativo (m) adesivo	лейкопластырь	[lejkoplastirⁱ]
conta-gotas (m)	тамызғыш	[tamɨzɣɨʃ]
termômetro (m)	градусник	[gradusnɪk]
seringa (f)	шприц	[ʃprɪts]
cadeira (f) de rodas	мүгедек күймесі	[mʉgedek kʉjmesi]
muletas (f pl)	балдақтар	[baldaqtar]
analgésico (m)	ауыруды сездірмейтін дәрі	[awɨrudɨ sezdirmejtin dæri]
laxante (m)	іш өткізгіш дәрі	[iʃ øtkizgiʃ dæri]
álcool (m)	спирт	[spɪrt]
ervas (f pl) medicinais	шөп	[ʃøp]
de ervas (chá ~)	шөпті	[ʃøpti]

APARTAMENTO

68. Apartamento

apartamento (m)	пәтер	[pæter]
quarto, cômodo (m)	бөлме	[bølme]
quarto (m) de dormir	жатаржай	[ʒatarʒaj]
sala (f) de jantar	асхана	[ashana]
sala (f) de estar	қонақхана	[qonaqhana]
escritório (m)	кабинет	[kabɪnet]
sala (f) de entrada	ауыз үй	[awiz ʉj]
banheiro (m)	жуынатын бөлме	[ʒuinatin bølme]
lavabo (m)	әжетхана	[æʒethana]
teto (m)	төбе	[tøbe]
chão, piso (m)	еден	[eden]
canto (m)	бөлменің бұрышы	[bølmeniŋ bʉriʃi]

69. Mobiliário. Interior

mobiliário (m)	жиһаз	[ʒɪhaz]
mesa (f)	үстел	[ʉstel]
cadeira (f)	орындық	[orindiq]
cama (f)	төсек	[tøsek]
sofá, divã (m)	диван	[dɪvan]
poltrona (f)	кресло	[kreslo]
estante (f)	шкаф	[ʃkaf]
prateleira (f)	өре	[øre]
guarda-roupas (m)	шкаф	[ʃkaf]
cabide (m) de parede	ілгіш	[ilgiʃ]
cabideiro (m) de pé	ілгіш	[ilgiʃ]
cômoda (f)	комод	[komod]
mesinha (f) de centro	шағын үстелше	[ʃaɣin ʉstelʃæ]
espelho (m)	айна	[ajna]
tapete (m)	кілем	[kilem]
tapete (m) pequeno	кілемше	[kilemʃæ]
lareira (f)	камин	[kamɪn]
vela (f)	шырақ	[ʃiraq]
castiçal (m)	шамдал	[ʃamdal]
cortinas (f pl)	перде	[perde]
papel (m) de parede	түсқағаз	[tʉsqaɣaz]

persianas (f pl)	жалюзи	[ʒaljuzı]
luminária (f) de mesa	үстел шамы	[ʉstel ʃamɪ]
luminária (f) de parede	шырақ	[ʃiraq]
abajur (m) de pé	сәнсәуле	[sænsæule]
lustre (m)	люстра	[ljustra]

pé (de mesa, etc.)	аяқ	[ajaq]
braço, descanso (m)	шынтақша	[ʃintaqʃa]
costas (f pl)	арқалық	[arqaliq]
gaveta (f)	жәшік	[ʒæʃik]

70. Quarto de dormir

roupa (f) de cama	төсек-орын жабдығы	[tøsek orin ʒabdiɣɪ]
travesseiro (m)	жастық	[ʒastiq]
fronha (f)	жастық тысы	[ʒastiq tɪsɪ]
cobertor (m)	көрпе	[kørpe]
lençol (m)	ақжайма	[aqʒajma]
colcha (f)	жамылғы	[ʒamɪlɣɪ]

71. Cozinha

cozinha (f)	асүй	[asʉj]
gás (m)	газ	[gaz]
fogão (m) a gás	газ плитасы	[gaz plɪtasɪ]
fogão (m) elétrico	электр плитасы	[ɛlektr plɪtasɪ]
forno (m)	духовка	[duhovka]
forno (m) de micro-ondas	шағын толқынды пеш	[ʃaɣin tolqɪndɪ peʃ]

geladeira (f)	тоңазытқыш	[toŋazɪtqɪʃ]
congelador (m)	мұздатқыш	[mʊzdatqɪʃ]
máquina (f) de lavar louça	ыдыс-аяқ жуу машинасы	[idis ajaq ʒuu maʃɪnasɪ]

moedor (m) de carne	еттартқыш	[ettartqɪʃ]
espremedor (m)	шырынсыққыш	[ʃirinsiqqɪʃ]
torradeira (f)	тостер	[toster]
batedeira (f)	миксер	[mɪkser]

máquina (f) de café	кофеқайнатқы	[kofeqajnatqɪ]
cafeteira (f)	кофе шәйнек	[kofe ʃæjnek]
moedor (m) de café	кофе ұнтақтағыш	[kofe ʊntaqtaɣɪʃ]

chaleira (f)	шәйнек	[ʃæjnek]
bule (m)	шәйнек	[ʃæjnek]
tampa (f)	жапқыш	[ʒapqɪʃ]
coador (m) de chá	сүзгі	[sʉzgi]

colher (f)	қасық	[qasiq]
colher (f) de chá	шай қасық	[ʃaj qasiq]
colher (f) de sopa	ас қасық	[as qasiq]
garfo (m)	шанышқы	[ʃanɪʃqɪ]
faca (f)	пышақ	[pɪʃaq]

louça (f)	ыдыс	[idis]
prato (m)	тәрелке	[tærelke]
pires (m)	табақша	[tabaqʃa]
cálice (m)	рөмке	[rømke]
copo (m)	стақан	[staqan]
xícara (f)	шыныаяқ	[ʃiniajaq]
açucareiro (m)	қантсалғыш	[qantsalɣiʃ]
saleiro (m)	тұз сауыт	[tʊz sawit]
pimenteiro (m)	бұрыш салғыш	[bʊriʃ salɣiʃ]
manteigueira (f)	майсауыт	[majsawit]
panela (f)	кастрөл	[kastrøl]
frigideira (f)	таба	[taba]
concha (f)	ожау	[oʒau]
coador (m)	сүзекі	[sʉzeki]
bandeja (f)	табақ	[tabaq]
garrafa (f)	бөтелке	[bøtelke]
pote (m) de vidro	банкі	[banki]
lata (~ de cerveja)	банкі	[banki]
abridor (m) de garrafa	ашқыш	[aʃqiʃ]
abridor (m) de latas	ашқыш	[aʃqiʃ]
saca-rolhas (m)	бұранда	[bʊranda]
filtro (m)	сүзгіш	[sʉzgiʃ]
filtrar (vt)	сүзу	[sʉzu]
lixo (m)	қоқым-соқым	[qoqim soqim]
lixeira (f)	қоқыс шелегі	[qoqis ʃælegi]

72. Casa de banho

banheiro (m)	жуынатын бөлме	[ʒuinatin bølme]
água (f)	су	[su]
torneira (f)	шүмек	[ʃʉmek]
água (f) quente	ыстық су	[istiq su]
água (f) fria	суық су	[suiq su]
pasta (f) de dente	тіс пастасы	[tis pastasi]
escovar os dentes	тіс тазалау	[tis tazalau]
barbear-se (vr)	қырыну	[qirinu]
espuma (f) de barbear	қырынуға арналған көбік	[qirinuɣa arnalɣan købik]
gilete (f)	ұстара	[ʊstara]
lavar (vt)	жуу	[ʒuu]
tomar banho	жуыну	[ʒuinu]
chuveiro (m), ducha (f)	душ	[duʃ]
tomar uma ducha	душқа түсу	[duʃqa tʉsu]
banheira (f)	ванна	[vana]
vaso (m) sanitário	унитаз	[unitaz]

pia (f)	раковина	[rakovına]
sabonete (m)	сабын	[sabin]
saboneteira (f)	сабын салғыш	[sabin salɣiʃ]

esponja (f)	губка	[gubka]
xampu (m)	сусабын	[susabin]
toalha (f)	орамал	[oramal]
roupão (m) de banho	шапан	[ʃapan]

lavagem (f)	кір жуу	[kir ʒuu]
lavadora (f) de roupas	кіржуғыш машина	[kirʒuɣiʃ maʃina]
lavar a roupa	кір жуу	[kir ʒuu]
detergente (m)	кір жуу ұнтағы	[kir ʒuu untaɣi]

73. Eletrodomésticos

televisor (m)	теледидар	[teledıdar]
gravador (m)	магнитофон	[magnıtofon]
videogravador (m)	бейнемагнитофон	[bejnemagnıtofon]
rádio (m)	қабылдағыш	[qabildaɣiʃ]
leitor (m)	плеер	[pleer]

projetor (m)	бейне проекторы	[bejne proektori]
cinema (m) em casa	үй кинотеатры	[ɵj kınoteatri]
DVD Player (m)	DVD ойнатқыш	[dividi ojnatqiʃ]
amplificador (m)	күшейткіш	[kɵʃæjtkiʃ]
console (f) de jogos	ойын қосымшасы	[ojin qosimʃasi]

câmera (f) de vídeo	бейнекамера	[bejnekamera]
máquina (f) fotográfica	фотоаппарат	[fotoapparat]
câmera (f) digital	цифрлы фотоаппарат	[tsifrli fotoapparat]

aspirador (m)	шаңсорғыш	[ʃaŋsorɣiʃ]
ferro (m) de passar	үтік	[ɵtik]
tábua (f) de passar	үтіктеу тақтасы	[ɵtikteu taqtasi]

telefone (m)	телефон	[telefon]
celular (m)	ұялы телефон	[ɵjali telefon]
máquina (f) de escrever	жазу машинкасы	[ʒazu maʃinkasi]
máquina (f) de costura	тігін машинкасы	[tigin maʃinkasi]

microfone (m)	микрофон	[mıkrofon]
fone (m) de ouvido	құлаққап	[qulaqqap]
controle remoto (m)	пульт	[pulʲt]

CD (m)	CD, компакт-дискі	[si di], [kompakt dıski]
fita (f) cassete	кассета	[kasseta]
disco (m) de vinil	пластинка	[plastınka]

A TERRA. TEMPO

74. Espaço sideral

espaço, cosmo (m)	ғарыш	[ɣariʃ]
espacial, cósmico (adj)	ғарыштық	[ɣariʃtiq]
espaço (m) cósmico	ғарыш кеңістігі	[ɣariʃ keŋistigi]
mundo, universo (m)	әлем	[ælem]
galáxia (f)	галактика	[galaktika]
estrela (f)	жұлдыз	[ʒuldiz]
constelação (f)	шоқжұлдыз	[ʃoqʒuldiz]
planeta (m)	планета	[planeta]
satélite (m)	серік	[serik]
meteorito (m)	метеорит	[meteorit]
cometa (m)	комета	[kometa]
asteroide (m)	астероид	[asteroid]
órbita (f)	орбита	[orbita]
girar (vi)	айналу	[ajnalu]
atmosfera (f)	атмосфера	[atmosfera]
Sol (m)	күн	[kun]
Sistema (m) Solar	күн жүйесі	[kun ʒujesi]
eclipse (m) solar	күн тұтылу	[kun tutilu]
Terra (f)	Жер	[ʒer]
Lua (f)	Ай	[aj]
Marte (m)	Марс	[mars]
Vênus (f)	Венера	[venera]
Júpiter (m)	Юпитер	[jupiter]
Saturno (m)	Сатурн	[saturn]
Mercúrio (m)	Меркурий	[merkurij]
Urano (m)	Уран	[uran]
Netuno (m)	Нептун	[neptun]
Plutão (m)	Плутон	[pluton]
Via Láctea (f)	Құс жолы	[qus ʒoli]
Ursa Maior (f)	Жетіқарақшы	[ʒetiqaraqʃi]
Estrela Polar (f)	Теміρқазық	[temirqaziq]
marciano (m)	марстық	[marstiq]
extraterrestre (m)	басқа планеталық	[basqa planetaliq]
alienígena (m)	келімсек	[kelimsek]
disco (m) voador	ұшатын тәрелке	[uʃatin tærelke]
espaçonave (f)	ғарыш кемесі	[ɣariʃ kemesi]

| estação (f) orbital | орбиталық станция | [orbıtaliq stantsıja] |
| lançamento (m) | старт | [start] |

motor (m)	двигатель	[dvıgatelʲ]
bocal (m)	қақпақ	[qaqpaq]
combustível (m)	жанармай	[ʒanarmaj]

cabine (f)	кабина	[kabına]
antena (f)	антенна	[antena]
vigia (f)	иллюминатор	[ılljumınator]
bateria (f) solar	күн батареясы	[kɯn batarejasi]
traje (m) espacial	скафандр	[skafandr]

imponderabilidade (f)	салмақсыздық	[salmaqsizdiq]
oxigênio (m)	оттегі	[ottegi]
acoplagem (f)	түйісу	[tɯjisu]
fazer uma acoplagem	түйісу жасау	[tɯjisu ʒasau]

observatório (m)	обсерватория	[observatorıja]
telescópio (m)	телескоп	[teleskop]
observar (vt)	бақылау	[baqilau]
explorar (vt)	зерттеу	[zertteu]

75. A Terra

Terra (f)	Жер	[ʒer]
globo terrestre (Terra)	жер шары	[ʒer ʃari]
planeta (m)	ғаламшар	[ɣalamʃar]

atmosfera (f)	атмосфера	[atmosfera]
geografia (f)	география	[geografıja]
natureza (f)	табиғат	[tabıɣat]

globo (mapa esférico)	глобус	[globus]
mapa (m)	карта	[karta]
atlas (m)	атлас	[atlas]

Europa (f)	Еуропа	[europa]
Ásia (f)	Азия	[azıja]
África (f)	Африка	[afrıka]
Austrália (f)	Австралия	[avstralıja]

América (f)	Америка	[amerıka]
América (f) do Norte	Солтүстік Америка	[soltustik amerıka]
América (f) do Sul	Оңтүстік Америка	[oɳtustik amerıka]
Antártida (f)	Антарктида	[antarktıda]
Ártico (m)	Арктика	[arktıka]

76. Pontos cardeais

| norte (m) | солтүстік | [soltustik] |
| para norte | солтүстікке | [soltustikke] |

| no norte | солтүстікте | [soltustikte] |
| do norte (adj) | солтүстік | [soltustik] |

sul (m)	оңтүстік	[oŋtustik]
para sul	оңтүстікке	[oŋtustikke]
no sul	оңтүстікте	[oŋtustikte]
do sul (adj)	оңтүстік	[oŋtustik]

oeste, ocidente (m)	батыс	[batis]
para oeste	батысқа	[batisqa]
no oeste	батыста	[batista]
ocidental (adj)	батыс	[batis]

leste, oriente (m)	шығыс	[ʃiɣis]
para leste	шығысқа	[ʃiɣisqa]
no leste	шығыста	[ʃiɣista]
oriental (adj)	шығыс	[ʃiɣis]

77. Mar. Oceano

mar (m)	теңіз	[teŋiz]
oceano (m)	мұхит	[muhıt]
golfo (m)	шығанақ	[ʃiɣanaq]
estreito (m)	бұғаз	[buɣaz]

terra (f) firme	жер	[ʒer]
continente (m)	материк	[materık]
ilha (f)	арал	[aral]
península (f)	түбек	[tubek]
arquipélago (m)	архипелаг	[arhıpelag]

baía (f)	айлақ	[ajlaq]
porto (m)	гавань	[gavanʲ]
lagoa (f)	лагуна	[laguna]
cabo (m)	мүйіс	[mujis]

atol (m)	атолл	[atoll]
recife (m)	риф	[rıf]
coral (m)	маржан	[marʒan]
recife (m) de coral	маржан риф	[marʒan rıf]

profundo (adj)	терең	[tereŋ]
profundidade (f)	тереңдік	[tereŋdik]
abismo (m)	түпсіз	[tupsiz]
fossa (f) oceânica	шұқыр	[ʃuqir]

| corrente (f) | ағын | [aɣin] |
| banhar (vt) | ұласу | [ulasu] |

| litoral (m) | жаға | [ʒaɣa] |
| costa (f) | жағалау | [ʒaɣalau] |

| maré (f) alta | судың келуі | [sudıŋ kelui] |
| refluxo (m) | судың қайтуы | [sudıŋ qajtuɪ] |

restinga (f)	барқын	[barqin]
fundo (m)	түп	[tʉp]

onda (f)	толқын	[tolqin]
crista (f) da onda	толқынның жотасы	[tolqiniŋ ʒotasi]
espuma (f)	көбік	[købik]

tempestade (f)	дауыл	[dawɨl]
furacão (m)	дауыл	[dawɨl]
tsunami (m)	цунами	[tsunamɪ]
calmaria (f)	тымық	[tɨmɪq]
calmo (adj)	тыныҚ	[tiniq]

polo (m)	полюс	[poljus]
polar (adj)	поляр	[poljar]

latitude (f)	ендік	[endik]
longitude (f)	бойлық	[bojliq]
paralela (f)	параллель	[parallelʲ]
equador (m)	экватор	[ɛkvator]

céu (m)	аспан	[aspan]
horizonte (m)	көкжиек	[køkʒɪek]
ar (m)	ауа	[awa]

farol (m)	шамшырақ	[ʃamʃiraq]
mergulhar (vi)	сүңгу	[sʉŋgu]
afundar-se (vr)	батып кету	[batɨp ketu]
tesouros (m pl)	қазына	[qazina]

78. Nomes de Mares e Oceanos

Oceano (m) Atlântico	Атлант мұхиты	[atlant mʊhɪti]
Oceano (m) Índico	Үнді мұхиті	[ʉndi mʊhɪti]
Oceano (m) Pacífico	ТыныҚ мұхит	[tiniq mʊhɪt]
Oceano (m) Ártico	Солтүстік мұзды мұхиті	[soltʉstik mʊzdɪ mʊhɪti]

Mar (m) Negro	Қара теңіз	[qara teŋiz]
Mar (m) Vermelho	Қызыл теңіз	[qizil teŋiz]
Mar (m) Amarelo	Сары теңіз	[sarɨ teŋiz]
Mar (m) Branco	Ақ теңіз	[aq teŋiz]

Mar (m) Cáspio	Каспий теңізі	[kaspɪj teŋizi]
Mar (m) Morto	Өлген теңіз	[ølgen teŋiz]
Mar (m) Mediterrâneo	Жерорта теңізі	[ʒerorta teŋizi]

Mar (m) Egeu	Эгей теңізі	[ɛgej teŋizi]
Mar (m) Adriático	Адриатикалық теңіз	[adrɪatɨkalɪq teŋiz]

Mar (m) Arábico	Аравиялық теңіз	[aravɪjalɪq teŋiz]
Mar (m) do Japão	Жапон теңізі	[ʒapon teŋizi]
Mar (m) de Bering	Беринг теңізі	[berɪng teŋizi]
Mar (m) da China Meridional	Оңтүстік-Қытай теңізі	[oŋtustik qitaj teŋizi]
Mar (m) de Coral	Маржан теңізі	[marʒan teŋizi]

Mar (m) de Tasman	Тасман теңізі	[tasman teŋizi]
Mar (m) do Caribe	Карибиялық теңіз	[karɨbɨjalɨq teŋiz]
Mar (m) de Barents	Баренц теңізі	[barents teŋizi]
Mar (m) de Kara	Карск теңізі	[karsk teŋizi]
Mar (m) do Norte	Солтүстік теңіз	[soltustik teŋiz]
Mar (m) Báltico	Балтық теңізі	[baltɨq teŋizi]
Mar (m) da Noruega	Норвегиялық теңіз	[norvegɨjalɨq teŋiz]

79. Montanhas

montanha (f)	тау	[tau]
cordilheira (f)	тау тізбектері	[tau tizbekteri]
serra (f)	тау қырқасы	[tau qɨrqasɨ]
cume (m)	шың	[ʃɨŋ]
pico (m)	шың	[ʃɨŋ]
pé (m)	етек	[etek]
declive (m)	бөктер	[bøkter]
vulcão (m)	жанартау	[ʒanartau]
vulcão (m) ativo	сөнбеген жанартау	[sønbegen ʒanartau]
vulcão (m) extinto	сөнген жанартау	[søngen ʒanartau]
erupção (f)	ақтарылу	[aqtarɨlu]
cratera (f)	кратер	[krater]
magma (m)	магма	[magma]
lava (f)	лава	[lava]
fundido (lava ~a)	қызған	[qɨzɣan]
cânion, desfiladeiro (m)	каньон	[kaɲon]
garganta (f)	басат	[basat]
fenda (f)	жарық	[ʒarɨq]
passo, colo (m)	асу	[asu]
planalto (m)	үстірт	[ustirt]
falésia (f)	жартас	[ʒartas]
colina (f)	белес	[beles]
geleira (f)	мұздық	[muzdɨq]
cachoeira (f)	сарқырама	[sarqɨrama]
gêiser (m)	гейзер	[gejzer]
lago (m)	көл	[køl]
planície (f)	жазық	[ʒazɨq]
paisagem (f)	пейзаж	[pejzaʒ]
eco (m)	жаңғырық	[ʒaŋɣɨrɨq]
alpinista (m)	альпинист	[alʲpɨnɨst]
escalador (m)	жартасқа өрмелеуші	[ʒartasqa ørmeleuʃi]
conquistar (vt)	бағындыру	[baɣɨndɨru]
subida, escalada (f)	шыңына шығу	[ʃɨŋɨna ʃɨɣu]

80. Nomes de montanhas

Alpes (m pl)	Альпілер	[alʲpiler]
Monte Branco (m)	Монблан	[monblan]
Pirineus (m pl)	Пиренейлер	[pırenejler]
Cárpatos (m pl)	Карпаттар	[karpatar]
Urais (m pl)	Орал таулары	[oral taularï]
Cáucaso (m)	Кавказ	[kavkaz]
Elbrus (m)	Эльбрус	[ɛlʲbrus]
Altai (m)	Алтай	[altaj]
Tian Shan (m)	Тянь-Шань	[tʲaɲ ʃaɲ]
Pamir (m)	Памир	[pamır]
Himalaia (m)	Гималаи	[gımalaı]
monte Everest (m)	Эверест	[ɛverest]
Cordilheira (f) dos Andes	Аңдылар	[aŋdïlar]
Kilimanjaro (m)	Килиманджаро	[kılımandʒaro]

81. Rios

rio (m)	өзен	[øzen]
fonte, nascente (f)	бұлақ	[buˈlaq]
leito (m) de rio	арна	[arna]
bacia (f)	бассейн	[bassejn]
desaguar no ...	ағып құйылу	[aɣïp qujïlu]
afluente (m)	тармақ	[tarmaq]
margem (do rio)	жаға	[ʒaɣa]
corrente (f)	ағын	[aɣïn]
rio abaixo	ағыстың ыңғайымен	[aɣïstïŋ ïŋɣajimen]
rio acima	өрге қарай	[ørge qaraj]
inundação (f)	тасқын	[tasqïn]
cheia (f)	аспа	[aspa]
transbordar (vi)	су тасу	[su tasu]
inundar (vt)	су басу	[su basu]
banco (m) de areia	қайыр	[qajïr]
corredeira (f)	табалдырық	[tabaldïrïq]
barragem (f)	тоған	[toɣan]
canal (m)	канал	[kanal]
reservatório (m) de água	су қоймасы	[su qojmasï]
eclusa (f)	шлюз	[ʃljuz]
corpo (m) de água	суайдын	[suajdïn]
pântano (m)	батпақ	[batpaq]
lamaçal (m)	тартпа	[tartpa]
redemoinho (m)	иірім	[ıirim]
riacho (m)	жылға	[ʒïlɣa]

| potável (adj) | ішетін | [iʃætin] |
| doce (água) | тұзсыз | [tʊzsiz] |

| gelo (m) | мұз | [mʊz] |
| congelar-se (vr) | мұз боп қату | [mʊz bop qatu] |

82. Nomes de rios

| rio Sena (m) | Сена | [sena] |
| rio Loire (m) | Луара | [luara] |

rio Tâmisa (m)	Темза	[temza]
rio Reno (m)	Рейн	[rejn]
rio Danúbio (m)	Дунай	[dunaj]

rio Volga (m)	Волга	[volga]
rio Don (m)	Дон	[don]
rio Lena (m)	Лена	[lena]

rio Amarelo (m)	Хуанхэ	[huanhɛ]
rio Yangtzé (m)	Янцзы	[janʦziɪ]
rio Mekong (m)	Меконг	[mekong]
rio Ganges (m)	Ганг	[gang]

rio Nilo (m)	Нил	[nɪl]
rio Congo (m)	Конго	[kongo]
rio Cubango (m)	Окаванго	[okavango]
rio Zambeze (m)	Замбези	[zambezɪ]
rio Limpopo (m)	Лимпопо	[lɪmpopo]
rio Mississippi (m)	Миссисипи	[mɪssɪsɪpɪ]

83. Floresta

| floresta (f), bosque (m) | орман | [orman] |
| florestal (adj) | орман | [orman] |

mata (f) fechada	бытқыл	[bitqil]
arvoredo (m)	тоғай	[toɣaj]
clareira (f)	алаңқай	[alaŋqaj]

| matagal (m) | ну өсімдік | [nu øsimdik] |
| mato (m), caatinga (f) | бұта | [bʊta] |

| pequena trilha (f) | соқпақ | [soqpaq] |
| ravina (f) | жыра | [ʒira] |

árvore (f)	ағаш	[aɣaʃ]
folha (f)	жапырақ	[ʒapiraq]
folhagem (f)	жапырақ	[ʒapiraq]

| queda (f) das folhas | жапырақтың құрап түсуі | [ʒapiraqtiŋ qurap tʊsui] |
| cair (vi) | қазылу | [qazilu] |

topo (m)	ағаштың жоғарғы ұшы	[aɣaʃtiŋ ʒoɣarɣɪ ʊʃi]
ramo (m)	бұтақ	[bʊtaq]
galho (m)	бұтақ	[bʊtaq]
botão (m)	бүршік	[bʉrʃik]
agulha (f)	ине	[ɪne]
pinha (f)	бүршік	[bʉrʃik]

buraco (m) de árvore	қуыс	[quis]
ninho (m)	ұя	[ʊja]
toca (f)	ін	[in]

tronco (m)	дің	[diŋ]
raiz (f)	тамыр	[tamɪr]
casca (f) de árvore	қабық	[qabɪq]
musgo (m)	мүк	[mʉk]

arrancar pela raiz	қопару	[qoparu]
cortar (vt)	шабу	[ʃabu]
desflorestar (vt)	шабу	[ʃabu]
toco, cepo (m)	томар	[tomar]

fogueira (f)	алау	[alau]
incêndio (m) florestal	өрт	[ørt]
apagar (vt)	өшіру	[øʃiru]

guarda-parque (m)	орманшы	[ormanʃi]
proteção (f)	күзет	[kʉzet]
proteger (a natureza)	күзету	[kʉzetu]
caçador (m) furtivo	браконьер	[brakonʲer]
armadilha (f)	қақпан	[qaqpan]

colher (cogumelos, bagas)	жинау	[ʒɪnau]
perder-se (vr)	адасып кету	[adasɪp ketu]

84. Recursos naturais

recursos (m pl) naturais	табиғи қорлар	[tabɪɣɪ qorlar]
minerais (m pl)	пайдалы қазбалар	[pajdalɪ qazbalar]
depósitos (m pl)	кен	[ken]
jazida (f)	кен орны	[ken ornɪ]

extrair (vt)	кен шығару	[ken ʃɪɣaru]
extração (f)	шығару	[ʃɪɣaru]
minério (m)	кен	[ken]
mina (f)	керіш	[keniʃ]
poço (m) de mina	шахта	[ʃahta]
mineiro (m)	көміріш	[kømirʃi]

gás (m)	газ	[gaz]
gasoduto (m)	газ құбыры	[gaz qʊbɪrɪ]

petróleo (m)	мұнай	[mʊnaj]
oleoduto (m)	мұнай құбыры	[mʊnaj qʊbɪrɪ]
poço (m) de petróleo	мұнай мұнарасы	[mʊnaj mʊnarasɪ]

torre (f) petrolífera	бұрғылау мұнарасы	[burɣilau munarasi]
petroleiro (m)	танкер	[tanker]

areia (f)	құм	[qʊm]
calcário (m)	әк тас	[æk tas]
cascalho (m)	қиыршақ тас	[qiirʃaq tas]
turfa (f)	торф	[torf]
argila (f)	балшық	[balʃiq]
carvão (m)	көмір	[kømir]

ferro (m)	темір	[temir]
ouro (m)	алтын	[altin]
prata (f)	күміс	[kʉmis]
níquel (m)	никель	[nɪkelʲ]
cobre (m)	мыс	[mis]

zinco (m)	мырыш	[miriʃ]
manganês (m)	марганец	[marganets]
mercúrio (m)	сынап	[sinap]
chumbo (m)	қорғасын	[qorɣasin]

mineral (m)	минерал	[mɪneral]
cristal (m)	кристалл	[krɪstall]
mármore (m)	мәрмәр	[mærmær]
urânio (m)	уран	[uran]

85. Tempo

tempo (m)	ауа райы	[awa raji]
previsão (f) do tempo	ауа райы болжамы	[awa raji bolʒami]
temperatura (f)	температура	[temperatura]
termômetro (m)	термометр	[termometr]
barômetro (m)	барометр	[barometr]

umidade (f)	ылғалдық	[iłɣaldiq]
calor (m)	ыстық	[istiq]
tórrido (adj)	ыстық	[istiq]
está muito calor	ыстық	[istiq]

está calor	жылы	[ʒiłi]
quente (morno)	жылы	[ʒiłi]

está frio	суық	[suiq]
frio (adj)	суық	[suiq]

sol (m)	күн	[kʉn]
brilhar (vi)	жарық түсіру	[ʒariq tʉsiru]
de sol, ensolarado	күн	[kʉn]
nascer (vi)	көтерілу	[køterilu]
pôr-se (vr)	отыру	[otiru]

nuvem (f)	бұлт	[bʊlt]
nublado (adj)	бұлтты	[bʊltti]
nuvem (f) preta	қара бұлт	[qara bʊlt]

escuro, cinzento (adj)	бұлыңғыр	[bʊliŋɣir]
chuva (f)	жаңбыр	[ʒaŋbɨr]
está a chover	жаңбыр жауып тұр	[ʒaŋbɨr ʒawɨp tur]
chuvoso (adj)	жауын-шашынды	[ʒawɨn ʃaʃindi]
chuviscar (vi)	сіркіреу	[sirkireu]

chuva (f) torrencial	қара жаңбыр	[qara ʒaŋbɨr]
aguaceiro (m)	нөсер	[nøser]
forte (chuva, etc.)	екпінді	[ekpindi]
poça (f)	шалшық	[ʃalʃiq]
molhar-se (vr)	су өту	[su øtu]

nevoeiro (m)	тұман	[tʊman]
de nevoeiro	тұманды	[tʊmandi]
neve (f)	қар	[qar]
está nevando	қар жауып тұр	[qar ʒawɨp tur]

86. Tempo extremo. Catástrofes naturais

trovoada (f)	найзағай	[najzaɣaj]
relâmpago (m)	найзағай	[najzaɣaj]
relampejar (vi)	жарқырау	[ʒarqirau]

trovão (m)	күн күркіреу	[kʉn kʉrkireu]
trovejar (vi)	дүріldeу	[dʉrildeu]
está trovejando	күн күркірейді	[kʉn kʉrkirejdi]

| granizo (m) | бұршақ | [bʊrʃaq] |
| está caindo granizo | бұршақ жауып тұр | [bʊrʃaq ʒawɨp tur] |

| inundar (vt) | су басу | [su basu] |
| inundação (f) | сел жүру | [sel ʒʉru] |

terremoto (m)	жер сілкіну	[ʒer silkinu]
abalo, tremor (m)	түрткі	[turtki]
epicentro (m)	эпицентр	[ɛpɪtsentr]

| erupção (f) | атылуы | [atɨluɨ] |
| lava (f) | лава | [lava] |

tornado (m)	құйын	[qʊjin]
tornado (m)	торнадо	[tornado]
tufão (m)	тайфун	[tajfun]

furacão (m)	дауыл	[dawɨl]
tempestade (f)	дауыл	[dawɨl]
tsunami (m)	цунами	[tsunamɪ]

ciclone (m)	циклон	[tsɪklon]
mau tempo (m)	бұлыңғыр	[bʊliŋɣir]
incêndio (m)	өрт	[ørt]
catástrofe (f)	апат	[apat]
meteorito (m)	метеорит	[meteorɪt]
avalanche (f)	көшкін	[køʃkin]

deslizamento (m) de neve	опырылу	[opirilu]
nevasca (f)	боран	[boran]
tempestade (f) de neve	боран	[boran]

FAUNA

87. Mamíferos. Predadores

predador (m)	жыртқыш	[ʒirtqiʃ]
tigre (m)	жолбарыс	[ʒolbaris]
leão (m)	арыстан	[aristan]
lobo (m)	қасқыр	[qaskir]
raposa (f)	түлкі	[tʉlki]
jaguar (m)	ягуар	[jaguar]
leopardo (m)	леопард	[leopard]
chita (f)	гепард	[gepard]
pantera (f)	бабыр	[babir]
puma (m)	пума	[puma]
leopardo-das-neves (m)	ілбіс	[ilbis]
lince (m)	сілеусін	[sileusin]
coiote (m)	койот	[kojot]
chacal (m)	шиебөрі	[ʃiebøri]
hiena (f)	гиена	[giena]

88. Animais selvagens

animal (m)	айуан	[ajuan]
besta (f)	аң	[aŋ]
esquilo (m)	тиін	[tiin]
ouriço (m)	кірпі	[kirpi]
lebre (f)	қоян	[qojan]
coelho (m)	үй қояны	[ʉj qojani]
texugo (m)	борсық	[borsiq]
guaxinim (m)	жанат	[ʒanat]
hamster (m)	алақоржын	[alaqorʒin]
marmota (f)	суыр	[suir]
toupeira (f)	көртышқан	[kørtiʃqan]
rato (m)	қаптесер	[qapteser]
ratazana (f)	егеуқұйрық	[egeuqujriq]
morcego (m)	жарғанат	[ʒarɣanat]
arminho (m)	ақкіс	[aqis]
zibelina (f)	бұлғын	[bʉlɣin]
marta (f)	кәмшат	[kæmʃat]
doninha (f)	ақкалақ	[aqqalaq]
visom (m)	норка	[norka]

castor (m)	құндыз	[qʊndiz]
lontra (f)	қамшат	[qamʃat]
cavalo (m)	ат	[at]
alce (m)	бұлан	[bʊlan]
veado (m)	бұғы	[bʊɣi]
camelo (m)	түйе	[tʉje]
bisão (m)	бизон	[bɪzon]
auroque (m)	зубр	[zubr]
búfalo (m)	буйвол	[bujvol]
zebra (f)	зебра	[zebra]
antílope (m)	антилопа	[antɪlopa]
corça (f)	елік	[elik]
gamo (m)	кербұғы	[kerbʊɣi]
camurça (f)	серна	[serna]
javali (m)	қабан	[qaban]
baleia (f)	кит	[kɪt]
foca (f)	итбалық	[ɪtbaliq]
morsa (f)	морж	[morʒ]
urso-marinho (m)	теңіз мысық	[teŋiz misiq]
golfinho (m)	дельфин	[delʲfɪn]
urso (m)	аю	[aju]
urso (m) polar	ақ аю	[aq aju]
panda (m)	панда	[panda]
macaco (m)	маймыл	[majmil]
chimpanzé (m)	шимпанзе	[ʃɪmpanze]
orangotango (m)	орангутанг	[orangutang]
gorila (m)	горилла	[gorɪlla]
macaco (m)	макака	[makaka]
gibão (m)	гиббон	[gɪbbon]
elefante (m)	піл	[pil]
rinoceronte (m)	мүйізтұмсық	[mʉjiztʊmsiq]
girafa (f)	керік	[kerik]
hipopótamo (m)	бегемот	[begemot]
canguru (m)	кенгуру	[kenguru]
coala (m)	коала	[koala]
mangusto (m)	мангуст	[mangust]
chinchila (f)	шиншилла	[ʃɪnʃɪlla]
cangambá (f)	скунс	[skuns]
porco-espinho (m)	жайра	[ʒajra]

89. Animais domésticos

gata (f)	мысық	[misiq]
gato (m) macho	мысық	[misiq]
cão (m)	ит	[ɪt]

cavalo (m)	ат	[at]
garanhão (m)	айғыр	[ajɣir]
égua (f)	бие	[bɪe]

vaca (f)	сиыр	[sɪir]
touro (m)	бұқа	[bʊqa]
boi (m)	өгіз	[øgiz]

ovelha (f)	қой	[qoj]
carneiro (m)	қошқар	[qoʃqar]
cabra (f)	ешкі	[eʃki]
bode (m)	теке	[teke]

| burro (m) | есек | [esek] |
| mula (f) | қашыр | [qaʃir] |

porco (m)	шошқа	[ʃoʃqa]
leitão (m)	торай	[toraj]
coelho (m)	үй қояны	[ʉj qojani]

| galinha (f) | тауық | [tawiq] |
| galo (m) | әтеш | [æteʃ] |

pata (f), pato (m)	үйрек	[ʉjrek]
pato (m)	кежек	[keʒek]
ganso (m)	қаз	[qaz]

| peru (m) | күркетауық | [kʉrqetawiq] |
| perua (f) | күркетауық | [kʉrqetawiq] |

animais (m pl) domésticos	үй жануарлары	[ʉj ʒanuarlari]
domesticado (adj)	қол	[qol]
domesticar (vt)	қолға үйрету	[qolɣa ʉjretu]
criar (vt)	өсіру	[øsiru]

fazenda (f)	ферма	[ferma]
aves (f pl) domésticas	үй құсы	[ʉj qʊsi]
gado (m)	мал	[mal]
rebanho (m), manada (f)	табын	[tabin]

estábulo (m)	ат қора	[at qora]
chiqueiro (m)	шошқа қора	[ʃoʃqa qora]
estábulo (m)	сиыр қора	[sɪir qora]
coelheira (f)	үй қояны күркесі	[ʉj qojani kʉrqesi]
galinheiro (m)	тауық қора	[tawiq qora]

90. Pássaros

pássaro (m), ave (f)	құс	[qʊs]
pombo (m)	көгершін	[køgerʃin]
pardal (m)	торғай	[torɣaj]
chapim-real (m)	сары шымшық	[sari ʃimʃiq]
pega-rabuda (f)	сауысқан	[sawisqan]
corvo (m)	құзғын	[qʊzɣin]

gralha-cinzenta (f)	қарға	[qarɣa]
gralha-de-nuca-cinzenta (f)	шауқарға	[ʃauqarɣa]
gralha-calva (f)	ұзақ	[ʊzaq]
pato (m)	үйрек	[ʉjrek]
ganso (m)	қаз	[qaz]
faisão (m)	қырғауыл	[qirɣawil]
águia (f)	бүркіт	[bʉrkit]
açor (m)	қаршыға	[qarʃiɣa]
falcão (m)	қыран	[qiran]
abutre (m)	күшіген	[kʉʃigen]
condor (m)	кондор	[kondor]
cisne (m)	аққу	[aqqu]
grou (m)	тырна	[tirna]
cegonha (f)	ләйлек	[læjlek]
papagaio (m)	тоты құс	[toti qʊs]
beija-flor (m)	колибри	[kolibrı]
pavão (m)	тауыс	[tawis]
avestruz (m)	түйеқұс	[tʉjeqʊs]
garça (f)	аққұтан	[aqqʊtan]
flamingo (m)	қоқиқаз	[qoqıqaz]
pelicano (m)	бірқазан	[birqazan]
rouxinol (m)	бұлбұл	[bʊlbʊl]
andorinha (f)	қарлығаш	[qarliɣaʃ]
tordo-zornal (m)	барылдақ торғай	[bariɫdaq torɣaj]
tordo-músico (m)	әнші шымшық	[ænʃi ʃimʃiq]
melro-preto (m)	қара барылдақ торғай	[qara bariɫdaq torɣaj]
andorinhão (m)	стриж	[strıʒ]
cotovia (f)	бозторғай	[boztorɣaj]
codorna (f)	бөдене	[bødene]
cuco (m)	көкек	[køkek]
coruja (f)	жапалақ	[ʒapalaq]
bufo-real (m)	үкі	[ʉki]
tetraz-grande (m)	саңырау құр	[saŋirau qʊr]
tetraz-lira (m)	бұлдырық	[bʊldiriq]
perdiz-cinzenta (f)	құр	[qʊr]
estorninho (m)	қараторғай	[qaratorɣaj]
canário (m)	шымшық	[ʃimʃiq]
galinha-do-mato (f)	қарабауыр	[qarabawir]
tentilhão (m)	қызыл	[qizil]
dom-fafe (m)	бозшымшық	[bozʃimʃiq]
gaivota (f)	шағала	[ʃaɣala]
albatroz (m)	альбатрос	[alʲbatros]
pinguim (m)	пингвин	[pıngvın]

91. Peixes. Animais marinhos

brema (f)	ақтабан	[aqtaban]
carpa (f)	тұқы	[tʊqi]
perca (f)	алабұға	[alabʊɣa]
siluro (m)	жайын	[ʒajɨn]
lúcio (m)	шортан	[ʃortan]

salmão (m)	лосось	[lososʲ]
esturjão (m)	бекіре	[bekire]

arenque (m)	майшабақ	[majʃabaq]
salmão (m) do Atlântico	ақсерке	[aqserqe]
cavala, sarda (f)	скумбрия	[skumbrɪja]
solha (f), linguado (m)	камбала	[kambala]

lúcio perca (m)	Көксерке	[køkserke]
bacalhau (m)	треска	[treska]
atum (m)	тунец	[tunets]
truta (f)	бахтах	[bahtah]

enguia (f)	жыланбалық	[ʒɨlanbaliq]
raia (f) elétrica	электр құламасы	[ɛlektr qʊlamasɨ]
moreia (f)	мурена	[murena]
piranha (f)	пиранья	[pɪranʲa]

tubarão (m)	акула	[akula]
golfinho (m)	дельфин	[delʲfɪn]
baleia (f)	кит	[kɪt]

caranguejo (m)	теңіз шаяны	[teŋiz ʃajanɨ]
água-viva (f)	медуза	[meduza]
polvo (m)	сегізаяқ	[segizajaq]

estrela-do-mar (f)	теңіз жұлдызы	[teŋiz ʒʊldizi]
ouriço-do-mar (m)	теңіз кірпісі	[teŋiz kirpisi]
cavalo-marinho (m)	теңіздегі мысықтың баласы	[teŋizdegi misɨqtɨŋ balasi]

ostra (f)	устрица	[ustrɪtsa]
camarão (m)	асшаян	[asʃajan]
lagosta (f)	омар	[omar]
lagosta (f)	лангуст	[langust]

92. Anfíbios. Répteis

cobra (f)	жылан	[ʒɨlan]
venenoso (adj)	улы	[ulɨ]

víbora (f)	улы сұр жылан	[ulɨ sur ʒɨlan]
naja (f)	әбжылан	[æbʒɨlan]
píton (m)	питон	[pɪton]
jiboia (f)	айдаһар	[ajdahar]

cobra-de-água (f)	сужылан	[suʒilan]
cascavel (f)	ысылдағыш улы жылан	[isildaɣiʃ uli ʒilan]
anaconda (f)	анаконда	[anakonda]

lagarto (m)	кесіртке	[kesirtke]
iguana (f)	игуана	[ıguana]
varano (m)	келес	[keles]
salamandra (f)	саламандра	[salamandra]
camaleão (m)	хамелеон	[hameleon]
escorpião (m)	құршаян	[qurʃajan]

tartaruga (f)	тасбақа	[tasbaqa]
rã (f)	бақа	[baqa]
sapo (m)	құрбақа	[qurbaqa]
crocodilo (m)	қолтырауын	[qoltirawin]

93. Insetos

inseto (m)	бунақдене	[bunaqdene]
borboleta (f)	көбелек	[købelek]
formiga (f)	құмырсқа	[qumirsqa]
mosca (f)	шыбын	[ʃibin]
mosquito (m)	маса	[masa]
escaravelho (m)	қоңыз	[qoŋiz]

vespa (f)	ара	[ara]
abelha (f)	балара	[balara]
mamangaba (f)	ара	[ara]
moscardo (m)	бөгелек	[bøgelek]

| aranha (f) | өрмекші | [ørmekʃi] |
| teia (f) de aranha | өрмекшінің торы | [ørmekʃiniŋ tori] |

libélula (f)	инелік	[ınelik]
gafanhoto (m)	шегіртке	[ʃægirtke]
traça (f)	көбелек	[købelek]

barata (f)	тарақан	[taraqan]
carrapato (m)	кене	[kene]
pulga (f)	бүрге	[burge]
borrachudo (m)	шіркей	[ʃirkej]

gafanhoto (m)	шегіртке	[ʃægirtke]
caracol (m)	ұлу	[ulu]
grilo (m)	шырылдауық	[ʃirildawiq]
pirilampo, vaga-lume (m)	жылтырауық	[ʒiltirawiq]

| joaninha (f) | қызыл қоңыз | [qizil qoŋiz] |
| besouro (m) | зауза қоңыз | [zauza qoŋiz] |

sanguessuga (f)	сүлік	[sulik]
lagarta (f)	қырықбуын	[qiriqbuin]
minhoca (f)	құрт	[qurt]
larva (f)	құрт	[qurt]

FLORA

94. Árvores

árvore (f)	ағаш	[aɣaʃ]
decídua (adj)	жапырақты	[ʒapiraqti]
conífera (adj)	қылқанды	[qilqandi]
perene (adj)	мәңгі жасыл	[mæŋgi ʒasil]
macieira (f)	алма ағашы	[alma aɣaʃi]
pereira (f)	алмұрт	[almʊrt]
cerejeira (f)	қызыл шие ағашы	[qizil ʃie aɣaʃi]
ginjeira (f)	кәдімгі шие ағашы	[kædimgi ʃie aɣaʃi]
ameixeira (f)	қара өрік	[qara ørik]
bétula (f)	қайың	[qajiŋ]
carvalho (m)	емен	[emen]
tília (f)	жөке	[ʒøke]
choupo-tremedor (m)	көктерек	[køkterek]
bordo (m)	үйеңкі	[ʉjeŋki]
espruce (m)	шырша	[ʃirʃa]
pinheiro (m)	қарағай	[qaraɣaj]
alerce, lariço (m)	бал қарағай	[bal qaraɣaj]
abeto (m)	самырсын	[samirsin]
cedro (m)	балқарағай	[balqaraɣaj]
choupo, álamo (m)	терек	[terek]
tramazeira (f)	шетен	[ʃæten]
salgueiro (m)	үйеңкі	[ʉjeŋki]
amieiro (m)	қандағаш	[qandaɣaʃ]
faia (f)	шамшат	[ʃamʃat]
ulmeiro, olmo (m)	шегіршін	[ʃægirʃin]
freixo (m)	шетен	[ʃæten]
castanheiro (m)	талшын	[talʃin]
magnólia (f)	магнолия	[magnolija]
palmeira (f)	пальма	[palʲma]
cipreste (m)	сауырағаш	[sawiraɣaʃ]
mangue (m)	мангр ағашы	[mangr aɣaʃi]
embondeiro, baobá (m)	баобаб	[baobab]
eucalipto (m)	эвкалипт	[ɛvkalɪpt]
sequoia (f)	секвойя	[sekvoja]

95. Arbustos

arbusto (m)	бұта	[bʊta]
arbusto (m), moita (f)	бұта	[bʊta]

| videira (f) | жүзім | [ʒʉzim] |
| vinhedo (m) | жүзім егісі | [ʒʉzim egisi] |

framboeseira (f)	таңқурай	[taŋquraj]
groselheira-vermelha (f)	қызыл қарақат	[qɨzɨɫ qaraqat]
groselheira (f) espinhosa	тұшала	[tuʃala]

acácia (f)	қараған	[qaraɣan]
bérberis (f)	зерек	[zerek]
jasmim (m)	ақгүл	[aqgʉl]

junípero (m)	арша	[arʃa]
roseira (f)	қызғылт бұта	[qɨzɣɨlt buta]
roseira (f) brava	итмұрын	[ɪtmʊrin]

96. Frutos. Bagas

fruta (f)	жеміс	[ʒemis]
frutas (f pl)	жемістер	[ʒemister]
maçã (f)	алма	[alma]
pera (f)	алмұрт	[almʊrt]
ameixa (f)	қара өрік	[qara ørik]

morango (m)	бүлдірген	[bʉldirgen]
ginja (f)	кәдімгі шие	[kædɪmgɪ ʃɪe]
cereja (f)	қызыл шие	[qɨzɨɫ ʃɪe]
uva (f)	жүзім	[ʒʉzim]

framboesa (f)	таңқурай	[taŋquraj]
groselha (f) negra	қарақат	[qaraqat]
groselha (f) vermelha	қызыл қарақат	[qɨzɨɫ qaraqat]

| groselha (f) espinhosa | тұшала | [tuʃala] |
| oxicoco (m) | мүк жидегі | [mʉk ʒɪdegi] |

laranja (f)	апельсин	[apelʲsɨn]
tangerina (f)	мандарин	[mandarɨn]
abacaxi (m)	ананас	[ananas]

| banana (f) | банан | [banan] |
| tâmara (f) | құрма | [qʊrma] |

limão (m)	лимон	[lɪmon]
damasco (m)	өрік	[ørik]
pêssego (m)	шабдалы	[ʃabdalɨ]

| quiuí (m) | киви | [kɪvɪ] |
| toranja (f) | грейпфрут | [grejpfrut] |

baga (f)	жидек	[ʒɪdek]
bagas (f pl)	жидектер	[ʒɪdekter]
arando (m) vermelho	итбүлдірген	[ɪtbʉldirgen]
morango-silvestre (m)	қой бүлдірген	[qoj bʉldirgen]
mirtilo (m)	қара жидек	[qara ʒɪdek]

97. Flores. Plantas

flor (f)	гүл	[gʉl]
buquê (m) de flores	гүл шоғы	[gʉl ʃoɣi]
rosa (f)	раушан	[rauʃan]
tulipa (f)	қызғалдақ	[qizɣaldaq]
cravo (m)	қалампыр	[qalampir]
gladíolo (m)	гладиолус	[gladıolus]
centáurea (f)	гүлкекіре	[gʉlkekire]
campainha (f)	қоңырау	[qoɳirau]
dente-de-leão (m)	бақбақ	[baqbaq]
camomila (f)	түймеm	[tʉjmetaɣi]
aloé (m)	алоэ	[aloɛ]
cacto (m)	кактус	[kaktus]
fícus (m)	фикус	[fıkus]
lírio (m)	лалагүл	[lalagʉl]
gerânio (m)	герань	[geranʲ]
jacinto (m)	сүмбілгүл	[sʉmbilgʉl]
mimosa (f)	мимоза	[mımoza]
narciso (m)	нарцисс	[nartsıss]
capuchinha (f)	настурция	[nasturtsija]
orquídea (f)	орхидея	[orhıdeja]
peônia (f)	пион	[pıon]
violeta (f)	шегіргүл	[ʃægirgʉl]
amor-perfeito (m)	сарғалдақтар	[sarɣaldaqtar]
não-me-esqueças (m)	ботакөз	[botakøz]
margarida (f)	әсел	[æsel]
papoula (f)	көкнәр	[køknær]
cânhamo (m)	сора	[sora]
hortelã, menta (f)	жалбыз	[ʒalbiz]
lírio-do-vale (m)	меруертгүл	[meruertgʉl]
campânula-branca (f)	бәйшешек	[bæjʃeʃek]
urtiga (f)	қалақай	[qalaqaj]
azedinha (f)	қымыздық	[qimizdiq]
nenúfar (m)	құмыра гүл	[qumira gʉl]
samambaia (f)	қырыққұлақ	[qiriqqulaq]
líquen (m)	қына	[qina]
estufa (f)	жылыжай	[ʒiliʒaj]
gramado (m)	көгал	[køgal]
canteiro (m) de flores	гүлбағы	[gʉlbaɣi]
planta (f)	өсімдік	[øsimdik]
grama (f)	шөп	[ʃøp]
folha (f) de grama	бір тал шөп	[bir tal ʃøp]

folha (f)	жапырақ	[ʒapiraq]
pétala (f)	күлте	[kʉlte]
talo (m)	сабақ	[sabaq]
tubérculo (m)	түйнек	[tʉjnek]

broto, rebento (m)	өскін	[øskin]
espinho (m)	тікенек	[tikenek]

florescer (vi)	гүлдеу	[gʉldeu]
murchar (vi)	сарғаю	[sarɣaju]
cheiro (m)	иіс	[iis]
cortar (flores)	кесу	[kesu]
colher (uma flor)	үзу	[ʉzu]

98. Cereais, grãos

grão (m)	дән	[dæn]
cereais (plantas)	астық дақыл өсімдіктері	[astiq daqil øsimdikteri]
espiga (f)	масақ	[masaq]

trigo (m)	бидай	[bidaj]
centeio (m)	қара бидай	[qara bidaj]
aveia (f)	сұлы	[sʊli]
painço (m)	тары	[tari]
cevada (f)	арпа	[arpa]

milho (m)	жүгері	[ʒʉgeri]
arroz (m)	күріш	[kʉriʃ]
trigo-sarraceno (m)	қарақұмық	[qaraqʊmiq]

ervilha (f)	бұршақ	[bʊrʃaq]
feijão (m) roxo	бұршақ	[bʊrʃaq]
soja (f)	соя	[soja]
lentilha (f)	жасымық	[ʒasimiq]
feijão (m)	ірі бұршақтар	[iri bʊrʃaqtar]

PAÍSES DO MUNDO

99. Países. Parte 1

Afeganistão (m)	Ауғаныстан	[auɣanistan]
África (f) do Sul	ОАР	[oar]
Albânia (f)	Албания	[albanıja]
Alemanha (f)	Германия	[germanıja]
Arábia (f) Saudita	Сауди Арабстан	[saudı arabstan]
Argentina (f)	Аргентина	[argentına]
Armênia (f)	Әрменстан	[ærmenstan]
Austrália (f)	Австралия	[avstralıja]
Áustria (f)	Австрия	[avstrıja]
Azerbaijão (m)	Әзірбайжан	[æzirbajʒan]
Bahamas (f pl)	Багам аралдары	[bagam araldari]
Bangladesh (m)	Бангладеш	[bangladeʃ]
Bélgica (f)	Бельгия	[belʲgıja]
Belarus	Беларусь	[belarusʲ]
Bolívia (f)	Боливия	[bolıvıja]
Bósnia e Herzegovina (f)	Босния мен Герцеговина	[bosnıja men gertsegovına]
Brasil (m)	Бразилия	[brazılıja]
Bulgária (f)	Болгария	[bolgarıja]
Camboja (f)	Камбоджа	[kambodʒa]
Canadá (m)	Канада	[kanada]
Cazaquistão (m)	Қазақстан	[qazaqhstan]
Chile (m)	Чили	[ʧılı]
China (f)	Қытай	[qitaj]
Chipre (m)	Кипр	[kıpr]
Colômbia (f)	Колумбия	[kolumbıja]
Coreia (f) do Norte	Солтүстік Корея	[soltustik koreja]
Coreia (f) do Sul	Оңтүстік Корея	[oŋtustik koreja]
Croácia (f)	Хорватия	[horvatıja]
Cuba (f)	Куба	[kuba]
Dinamarca (f)	Дания	[danıja]
Egito (m)	Мысыр	[misir]
Emirados Árabes Unidos	Біріккен Араб Эмираттары	[biriken arab ɛmıratari]
Equador (m)	Эквадор	[ɛkvador]
Escócia (f)	Шотландия	[ʃotlandıja]
Eslováquia (f)	Словакия	[slovakıja]
Eslovênia (f)	Словения	[slovenıja]
Espanha (f)	Испания	[ıspanıja]
Estados Unidos da América	Америка құрама штаттары	[amerıka qurama ʃtattari]
Estônia (f)	Эстония	[ɛstonıja]

Finlândia (f)	Финляндия	[fınljandıja]
França (f)	Франция	[franʦıja]

100. Países. Parte 2

Gana (f)	Гана	[gana]
Geórgia (f)	Гуржістан	[gurʒistan]
Grã-Bretanha (f)	Ұлыбритания	[ulibrıtanija]
Grécia (f)	Грекия	[grekıja]
Haiti (m)	Гаити	[gaıtı]
Hungria (f)	Мажарстан	[maʒarstan]
Índia (f)	Үндістан	[undistan]
Indonésia (f)	Индонезия	[ındonezija]
Inglaterra (f)	Англия	[anglıja]
Irã (m)	Иран	[ıran]
Iraque (m)	Ирак	[ırak]
Irlanda (f)	Ирландия	[ırlandıja]
Islândia (f)	Исландия	[ıslandıja]
Israel (m)	Израиль	[ızraılʲ]
Itália (f)	Италия	[ıtalıja]
Jamaica (f)	Ямайка	[jamajka]
Japão (m)	Жапония	[ʒaponıja]
Jordânia (f)	Иордания	[ıordanıja]
Kuwait (m)	Кувейт	[kuvejt]
Laos (m)	Лаос	[laos]
Letônia (f)	Латвия	[latvıja]
Líbano (m)	Ливан	[lıvan]
Líbia (f)	Ливия	[lıvıja]
Liechtenstein (m)	Лихтенштейн	[lıhtenʃtejn]
Lituânia (f)	Литва	[lıtva]
Luxemburgo (m)	Люксембург	[ljuksemburg]
Macedônia (f)	Македония	[makedonıja]
Madagascar (m)	Мадагаскар	[madagaskar]
Malásia (f)	Малайзия	[malajzıja]
Malta (f)	Мальта	[malʲta]
Marrocos	Марокко	[marokko]
México (m)	Мексика	[meksıka]
Birmânia (f)	Мьянма	[mʲanma]
Moldávia (f)	Молдова	[moldova]
Mônaco (m)	Монако	[monako]
Mongólia (f)	Монголия	[monɣolıja]
Montenegro (m)	Черногория	[ʧernogorıja]
Namíbia (f)	Намибия	[namıbıja]
Nepal (m)	Непал	[nepal]
Noruega (f)	Норвегия	[norvegıja]
Nova Zelândia (f)	Жаңа Зеландия	[ʒaŋa zelandıja]

101. Países. Parte 3

Países Baixos (m pl)	Нидерланд	[nɪderland]
Palestina (f)	Палестина	[palestɪna]
Panamá (m)	Панама	[panama]
Paquistão (m)	Пәкістан	[pækistan]
Paraguai (m)	Парагвай	[paragvaj]
Peru (m)	Перу	[peru]
Polinésia (f) Francesa	Франция Полинезиясы	[frantsɪja polɪnezɪjasɪ]

Polônia (f)	Польша	[polʲʃa]
Portugal (m)	Португалия	[portugalɪja]
Quênia (f)	Кения	[kenɪja]
Quirguistão (m)	Қырғызстан	[qirɣɪzstan]
República (f) Checa	Чехия	[tʃehɪja]
República Dominicana	Доминикан республикасы	[domɪnɪkan respublɪkasɪ]
Romênia (f)	Румыния	[rumɪnɪja]

Rússia (f)	Ресей	[resej]
Senegal (m)	Сенегал	[senegal]
Sérvia (f)	Сербия	[serbɪja]
Síria (f)	Сирия	[sɪrɪja]
Suécia (f)	Швеция	[ʃvetsɪja]
Suíça (f)	Швейцария	[ʃvejtsarɪja]
Suriname (m)	Суринам	[surɪnam]

Tailândia (f)	Таиланд	[taɪland]
Taiwan (m)	Тайвань	[tajvanʲ]
Tajiquistão (m)	Тәжікстан	[tæʒikistan]
Tanzânia (f)	Танзания	[tanzanɪja]
Tasmânia (f)	Тасмания	[tasmanɪja]
Tunísia (f)	Тунис	[tunɪs]
Turquemenistão (m)	Түрікменстан	[turikmenstan]

Turquia (f)	Түркия	[turkɪja]
Ucrânia (f)	Украина	[ukraɪna]
Uruguai (m)	Уругвай	[urugvaj]
Uzbequistão (f)	Өзбекистан	[øzbekɪstan]
Vaticano (m)	Ватикан	[vatɪkan]
Venezuela (f)	Венесуэла	[venesuɛla]
Vietnã (m)	Вьетнам	[vʲetnam]
Zanzibar (m)	Занзибар	[zanzɪbar]